目次
CONTENTS

序章　私が介護に特化した税理士になるまで

第1章　介護事業所の創業支援

第2章　介護事業所の開設支援

第3章　開設から半年の事業所支援

第4章　介護事業所で起こる税務問題

第5章　助成金の活用

第6章　介護事業所が陥りやすい運営上の問題点 ―コンサルティングの提供

第7章　介護事業以外の福祉サポート

第８章　社会福祉法人の運営サポート

第９章　実地指導サポート

第10章　団塊ジュニアが高齢者になるまでの介護保険制度のロードマップ―令和３年度の介護保険法改正案の内容

【序章】

私が介護に特化した税理士になるまで

1. 介護業界へ

バブル崩壊直後に入社した商社は、得意先の新規開拓が必要でした。新規開拓先として目を付けたのが介護業界でした。私の介護業界とのコンタクトはここから始まります。

新規開拓中に知り合った介護用品販売会社の社長から介護従事者が集まる勉強会を教えてもらい、介護を全く知らない状態で参加しました。勉強会に参加して飲み会に参加してだんだんと仲良くなって２年くらいたってから、「今度老人ホームを作るけど一緒にやらない？」と声を掛けられました。私は４年半勤めた商社を退社し、老人ホーム開設準備室へ転職しました。ついに介護業界デビューです。

老人ホームの開設準備として、設計会社や施工業者、設備・備品業者との交渉、職員の採用活動等これまで全く知らなかった業務を任されました。老人ホーム開設後は、経理、給与計算、社会保険や労働保険手続、有給管理、銀行や郵便局での入出金、職員採用･研修、業者との交渉･契約、その後の物品発注･管理等が主な業務となります。結果的に老人ホームの運営についてはひととおりわかるようになりました。ただし経営サイドですので、介護現場のことはわかりません。

そのうち、現場を手伝ってほしいと介護職員から言われるようになりました。主な介助は、ご利用者との散歩です。あるとき、認知症状の強いご利用者と手をつないで公園を歩いていました。今だから笑い話になりますが、そのご利用者から滑り台で滑りたいと言われて、その時の私は、「いいかな」と思って滑ってもらったのです。介護職員から「ありえない！」と驚かれました。令和の時代でやっていたら大問題になっていたと思いますが、その時のご利用者のお顔はとても楽しそうでした。想像ですが、幼少期を思い出していたのではと思います。

2. 老人ホームの経営

1　リストラ

老人ホームは、介護保険制度のサービス事業である以上、介護報酬の改定や介護保険法の改正があります。改定や改正があるたび、報酬が下がっていきます。今でこそ周知の事実ですが、当時は改定や改正によって報酬が下がるとは思ってもいませんでした。このとき、今後の介護保険の方向性について、想像する力や情報があればもっと対策ができていたのではないかと思います。介護保険情報の大切さを思い知ります。

報酬が下がっても人件費は年々上がっていきます。そのため、老人ホームの経営状況は、厳しくなっていきます。リストラ策として、正規職員から非正規職員へ採用を切り替えて人件費を削減していきました。具体的には、介護の手が不足するその時間帯だけ、例えば朝食の２時間という介護パートさんを採用したり、入浴介助の人手が足りなければお風呂専門の介護パートを採用したりです。気づくと、だんだんと「つぎはぎ」の勤務体系に変わっていきました。

老人ホームは24時間営業のため、夜間帯も介護職員が必要です。正規職員には日中も夜間も業務を命じられますが、非正規職員はそうはいきません。非正規職員には夜間に働けない人も多く、時には土日祝は休みという人もいます。そうなると、夜間帯の勤務を支えてくれる介護職員が減ります。そこで、夜間専門介護職員を採用したのですが、どんどん硬直的な人員体制に陥りました。そして、夜勤ができる職員に夜間帯勤務が集中したことで、腰痛等の疲労でやめる職員、このままでは結婚ができないと転職する職員が出てきます。さらに、正規職員が夜間に多く出勤することから、日中帯メインの非正規職員とコミュニケーション不足があらわになりました。経営方法を根本から見直さないとこのままでは立ち行かなくなると思うようになりました。

2　経営改善方法

私がその時に考えたことは改めて職員を大事にするという経営改善でした。まず、細切れの時間で働く職員が増えたため、他部署や他の時間帯で働く職員の顔や名前を知らないという状況は解消する必要があります。改善策として、オリエンテーション研修を導入して、他の職場や時間帯を体験できるようにしました。また、年に一度経営発表会として、ホテルの会場を借り切り、非日常的な環境で立食パーティを開催して部署が違う人たちと交流する機会を作りました。せっかくなので、スタッフに一声ずつ抱負を述べてもらうことや、職員の家族も参加してもらって、さらに、経営層に当たる役員にも参加してもらうなど、関係者が１つの家族のように一体感が生まれる環境を多く作りました。

そして、特に力を入れたのが採用と研修です。まず、学校や専門学校に足を運んで就職相談室の先生と親睦を深めました。ハローワークにも足繁く通い、信頼関係を築きました。そのころ、行動学書を読むようになり、人間は、行動をする際、自分を納得させる理由が必要となるということを学びました。それは、つまり求職者のサポーター化です。そこで、うちの老人ホームを好きな状態になった求職者に見学や面接に来てもらえば良いと思い、ウェブサイト、チラシやパンフレットにも力を入れました。また、法人のイメージムービーを作成して老人ホームに見学に来る方には観てもらい、施設に良いイメージを持ってもらうようにしました。就職フェアへも積極的に参加して、細かい説明ではなくイメージを伝えて見学に来てほしいと口説いていました。

単なる施設見学も良いのですが、私は１歩進んだ体験見学というスタイルにして、老人ホームのご利用者が実際にいらっしゃるところで２時間ほど座って見てもらっていました。これは一見、見学者にとって良いことのように思えますが、老人ホーム側にとってもメリットがあります。第一に外部の目があることを職員が意識しますので、丁寧な対応を心掛けてくれます。事前に体験見学者があると全事業部に伝えてあるので、関係のない部署もいつもより張り切ってくれます。意外とその場のその時間だけにとどまらず、職員自体がご利用者への対応状況を冷静に見る機会となりその後の接遇に良い影響を与えていました。そして、職員側が体験見学者を見ることで０次面接のような機会にもなります。本当に座って２時間も過ごせる方はいませんので、何かしら手伝ってくれます。その時に、ご利用者への対応がわかってしまいます。介護技術という言葉がありますが、実はそれよりも大事なことは、高齢者に対する気持ちや思いです。いくら良い介護をしても気持ちがなければ、ご利用者にとっては苦痛です。

次に力を入れたのが採用時研修です。私が冒頭に商社の話を書きましがが、社会人として入社した際は２週間の泊まり研修があり、きっちりと社会人マナーを学ぶ機会がありました。しかし、介護業界は、研修がまったくないのが当たり前で、OJTという名のもと即現場投入となります。せっかく介護の仕事をしたいと思ってきてくれても、いきなり仕事をすると聞くと就業を躊躇する方も出てきます。そこで、採用時研修として、まずは社会人として知っていてほしい名刺交換の仕方や報連相、応接室のイスの座る場所等のマナー研修、知っていて当たり前の社会保険や労働保険等の知識、所得税や住民税控除のある給与明細の見方、知っていてほしい介護保険制度について座学研修を行いました。

併せて、各分野から、例えば、看護、介護、相談、ケアプラン、栄養、調理、機能訓練等たくさんある職種からも協力してもらってカリキュラムを作ってしっかりと学ぶ時間を設けました。座学研修が終わると、次は体験研修です。すべての介護サービスや職種の業務を知るために約２週間みっちりすべてのサービスや職種に付いて過ごしてもらいます。狙いは、法人の中で行われている介護サービスを知り、職種を知り、職員を知ることです。OJT前に知っておいてもらうことでとても精神安定に寄与しました。

3 経営改善の結果

狙いは当たりました。就業前の不安が減ることで、実際にOJT研修が始まっても辞める職員は減り、離職率は３％まで下がりました。実際はこの数字以上の効果があります。採用コストが削減できます。就職フェアの参加費はその当時で30万円以上、リクルート広告費用は１回５万円等がかかりますので、大きな経費削減です。また、辞める職員は有給消化で１か月休みますので人件費削減にもなります。業務を教える職員と教わる職員の重複する人件費も削減できます。そして、残業も減りますし、結果として経営状態が良くなります。

私が身をもって知ったのは、人の安定がとても重要ということです。しかし、人が辞めないと給与の支払い額が増えていきます。そのため、人事考課の導入が必要不可欠となります。長く勤めていれば給与が増えるということは一見するとよいのですが、やはり、サボタージュする職員がいますし、原資が限られているので、がんばっている職員により多く支払ってあげたいと思います。

人事考課を導入するためには、自法人にとってどんな評価項目が良いのかを検討しなくてはいけません。ここで、経営層だけで決めてしまうと現場から反感を買ってしまうので、現場からも人事考課導入プロジェクトに参加してもらって、自分たちにとってわかりやすい、評価されやすい項目を考えてもらいます。しかし、誰しも評価されるとなると導入への反対意見が出てきます。半年程度の時間をかけてじっくりと進めました。併せて、部下を査定するリーダークラスの考課者研修も行う必要があります。

人事考課シートは、フレッシュマン用、３－５年勤務者用、リーダー用、管理職用を作成しました。法人の職員として望ましい行動を定義して、点数化するというものです。第一次考課者は直属の上司、第二次効果者は施設長というように一般的な形式をとりました。人事考課により賞与の額を数パーセントの差をつけるようにしましたが、本格的に査定するというところまでは至りませんでした。

そして、経営の大元である理念や基本方針の策定を行いました。私たちの法人は何のために存在するのか、そして、何をするのかということを真剣に考えました。仕事をする上ではあたりまえですが、職員一人ひとりの１つ１つの行動が何をよりどころにして行われるのか明らかにしておくことで、迷ったとき、人に尋ねられないときに判断基準とすることができます。

3. 介護業界から税理士へ

1 税理士を目指す

当初は、大学時代の授業で習った簿記知識で経理を担当しました。そのため、月次チェックでは、会計事務所職員から入力ミスの指摘を受けました。しかし、経理に慣れるにつれ入力ミスもなくなり、年次決算書や附属明細書をひとりで作成できるようになりました。そうなると、月次チェックには意味があるのかと思うようになります。つまり会計事務所のサービスへの不満です。単なる入力チェックだけではなく、月次試算表に基づいた経営に関するアドバイスや介護保険の展望等の情報が欲しいと思いました。しかしそれは望めそうもなかったので発想を転換しました。単なる入力チェックにお金を支払うのはもったいないので、自分で税理士資格を取ってしまおうと。

仕事をしながらの勉強であったため、日曜日のロング授業を選択し、理論問題は通勤電車の中で、計算問題は専門学校の自習室で、また、宿直という泊まり業務があれば、総合問題を解きました。決して順調な受験ではありませんでしたが、とにかく専門学校の中で上位２割以内に入ることを目指しました。思うような模試結果にならなくとも、復習を繰り返し、ただただ、がむしゃらに勉強しました。時折、支払った授業料を考えることもあり、もう後戻りはできない状況にもなっていました。自分をかなり追い込んでいたと思います。約７年の勉強期間のうち最後の１年間は、仕事を辞めて勉強に専念して合格しました。妻も税理士試験を受験していたので、奇跡的に２人で同時合格でした。このとき、もしも私が官報合格に失敗していたら家庭内のパワーバランスがかなり変わってしまったと思います。今でも冷や汗がでます。

2 介護特化

さて、合格後は税理士法人に就職しますが、あまり長くは在籍せずに、先に開業していた妻の事務所に合流します。合流後の２年ほどは税理士事務所としてどんな事務所としていくかを模索しました。ビジネス交流会の会員になり、セミナーをして、名刺交換をして、グループワーク活動をしました。また、ビジネスネットワークにも入って、紹介ビジネスにも力をいれていました。新聞にも広告を出したことがあります。今思えばあがいて苦しんでいた時期です。その時は介護業界よりも相続ビジネスのほうが成功しそうに思えて力を入れてみましたが、なかなか仕事につながらずに焦るばかりでした。

そこで再度自分を見つめ直しました。どんな分野だったら他の税理士より優れているのかじっくり考えました。そして、介護業界しかないと吹っ切れました。事務所のホームページを介護特化へ変更し、パンフレットや名刺も介護特化を謳いました。初めてブランディングも取り入れました。

介護特化の集客ですが、初めはどうすれば良いのかまったくわかりませんでした。手当たり次第という感じで、介護報酬請求ソフトのベンダーの主催するセミナーにゲスト登壇させてもらったり、ブログを書いたりと露出を増やすことに注力しました。さらに、インターネット広告やＦＡＸダイレクトメールも利用しましたが、いずれも、集客には結びつきませんでした。

集客できるようになったのは、特化して１年が経過したときでした。会う人会う人に介護に特化していることを伝え、職歴を話すと興味を持ってもらえて、会う方の記憶に残るようになったのではないかと思います。介護に特化した税理士事務所との認知が進み、紹介やホームページからの問い合わせが増えました。介護専門雑誌から声がかかり連載をまかされ、書籍の出版も行うなどしてさらに注目されるようになり集客には困らなくなりました。今では、顧問をする際はお客様とじっくりと話をした後、価値観が合えばお引き受けするようにしています。

介護特化の顧問報酬は、月額10万円を基本としています。記帳代行や給与計算を行う場合は別途請求となり、決算報酬も別途となります。主に経営相談や経営担当者へのアドバイスがメイン業務となります。チャット機能を使って、顧問先と常につながった状態にいます。土日や夜間にも税理士と直接連絡が取れるサービスは、すべてのクライアントから評価をいただいています。そのため、顧問報酬は高い部類に入ると思います。電話で顧問報酬額を尋ねられることが多々ありますが、胸を張って金額を伝えます。たかだか税理士にそんなお金は払えないと不満を言われることもありますし、記帳代行しか求めていないと吐き捨てるように言う人もいますが、そこは価値観だと思います。だからこそ、お問い合わせいただいた方すべてをクライアントにしようとは思っていません。そのような対応を続けていくうちに自然と社会福祉法人がお客様となるようにシフトしていきました。そして、介護から、社会福祉というスタンスへ広げた結果、障害サービスとして就労支援事業や放課後等デイサービス、障害者グループホームへの税務顧問も増えるようになりました。社会福祉法人の理事や監事の声がかかれば１期はサポートするようにしました。

3　今後の課題

私の今後の課題としてはどのように事務所を拡大していくかということになります。私にはもともと事務所を拡大する気持ちはありませんでした。月の半分働いて、残りの半分は休めるくらいがいいかなと思っていた時期があります。しかし、そうは言っていられません。年々クライアントは増えていったため、2020年１月に税理士法人化を行いました。今後は介護業界をサポートできる税理士や会計人を増やしていくことが責務になります。後戻りはできません。１人でも多くの税理士や会計人が介護業界に興味を持ってくれて、手を差し伸べてくれることを願い、心待ちにしています。

【第1章】

介護事業所の創業支援

1. 法人設立サポート

1 定款の事業目的

一般的な事業会社を設立する場合、定款には本業のほかにビジネスとして可能性のある事業も盛り込みましょうとアナウンスしていると思います。介護事業も同様の考え方で問題ありません。

ただし、介護事業の定款作成は、一般的な事業会社の定款作成よりも慎重に行います。もし、記載漏れやミスがあった場合、介護サービスの許認可が受けられないからです。申請を行う所轄庁（都道府県や市区町村）のホームページでは、事業目的（=介護サービス）の記載例を掲載しています。定款作成の際は、必ず確認してください。

なお、介護事業の場合、事業目的の記載方法は2通りあります。個別に記載する方法と包括的に記載する方法です。申請先の都道府県や市区町村にローカルルールがある場合がありますので、事前相談で確実に許認可を受けられる記載方法を確認した上で定款を作成するようにしてください。一般的に使用されている個別記載方法と包括記載方法の文言は14ページの表をご覧ください。

個別記載方法は、介護保険サービスを1つ1つ限定列挙で記載する方法です。そもそも複数の介護保険サービスを提供する目的がなければこの記載方法で構いません。しかし、将来、事業拡大の可能性があるのであれば、包括記載方法が望ましいです。理由は、この包括記載方法は、幅広く介護保険サービスをカバーでき、記載する内容が少なくて済み、かつ、記載漏れの心配がないためです。

なお、介護保険サービスは、要介護者に提供する介護サービスと要支援者に提供する介護予防サービスがあります。実際に1つの同じ建物の同じ事業所内で、介護サービスと介護予防サービスを提供することになりますが、定款にそれぞれのサービスを記載しておかないとサービスの提供ができません。必ずセットで記載するようにしてください。

そうは言っても、介護予防サービスは、介護事業所の得られる報酬が低く抑えられているために、経営者の中には介護予防サービスは提供したくないと考える方もいらっしゃいます。今は確かにその通りですが、そう遠くない将来には、介護保険制度の改正が行われ、介護予防サービスはかなりの確率で介護保険サービスから外されてしまうでしょう。その時に事業所が介護サービス専門になっていたら、外されてしまった旧介護サービス＝介護予防サービス（又は総合事業）の提供ができないため、かなりの売上減となってしまいます。また、介護予防サービスは介護サービスの“入り口”です。高齢者は、いきなり介護サービスを利用するのではありません。要介護状態にならないために介護予防サービスから利用を始めます。このように、介護予防サービスから介護サービスへと移っていくことが自然であることから、将来を見越して、介護予防サービスを提供できる体制にしておく必要があると考えています。

例えば、通所介護を始める場合は、通所介護と介護予防・日常生活支援総合事業の第１号通所事業、介護予防支援の３つを記載するようにします。そして注意を要するのが、有料老人ホームやサービス付き高齢者住宅を事業展開する場合です。あくまでこの有料老人ホームやサービス付き高齢者住宅は住宅の供給という不動産賃貸業です。介護保険サービスはこの住宅の上に乗せると考えてください。有料老人ホーム事業、高齢者用住宅事業と書いただけでは介護保険サービスの許認可は下りません。必ず介護保険サービスとセットで定款に記載します。

そのほかに重要になるのは、介護保険外サービス事業です。介護保険外なので、事業目的として記載した介護保険サービスの文言は使えません。今後どのような介護保険外サービスが展開されるかわかりませんが、想像しつつ包括的にカバーできる事業目的を定款に記載しておく必要があります。例えば、障害者や高齢者への介助事業、介護保険法に基づかない居宅介護サービス事業、自費介護事業等が考えられます。すでに介護保険外サービスとして確立している配食サービスや介護タクシー等を予定しているのであれば、それぞれ独立して定款に記載しておきます。

さらに、最近は、高齢者サービスとともに障害者サービスを始めるケースが増えています。具体的には就労支援事業やグループホーム事業、放課後等デイサービス事業等です。介護保険サービス１本で経営を行うよりは障害系のサービス等を加えた複数の柱を持って経営に臨んだほうがより経営の安定感が増すと考えられます。ぜひ将来を見据えた伸びしろのある定款を作成していただきたいと思います。

【介護保険サービス事業の定款表記（株式会社、有限会社、NPO法人等の場合）】

サービス名	個別記載法	包括記載法
訪問介護	介護保険法に基づく訪問介護事業	介護保険法に基づく居宅サービス事業
共生型訪問介護	介護保険法に基づく共生型訪問介護事業	
訪問入浴介護	介護保険法に基づく訪問入浴介護事業	
訪問看護	介護保険法に基づく訪問看護事業	
訪問リハビリテーション	介護保険法に基づく訪問リハビリテーション事業	
居宅療養管理指導	介護保険法に基づく居宅療養管理指導事業	
通所介護	介護保険法に基づく通所介護事業	
共生型通所介護	介護保険法に基づく共生型通所介護事業	
通所リハビリテーション	介護保険法に基づく通所リハビリテーション事業	
短期入所生活介護	介護保険法に基づく短期入所生活介護事業	
共生型短期入所生活介護	介護保険法に基づく共生型短期入所生活介護事業	
短期入所療養介護	介護保険法に基づく短期入所療養介護事業	
特定施設入居者生活介護	介護保険法に基づく特定施設入居者生活介護事業	
福祉用具貸与	介護保険法に基づく福祉用具貸与事業	
特定福祉用具販売	介護保険法に基づく特定福祉用具販売事業	
定期巡回・随時対応型訪問介護看護	介護保険法に基づく定期巡回・随時対応型訪問介護看護事業	介護保険法に基づく地域密着型サービス事業
夜間対応型訪問介護	介護保険法に基づく夜間対応型訪問介護事業	
地域密着型通所介護	介護保険法に基づく地域密着型通所介護事業	
共生型地域密着型通所介護	介護保険法に基づく共生型地域密着型通所介護事業	
認知症対応型通所介護	介護保険法に基づく認知症対応型通所介護事業	
小規模多機能型居宅介護	介護保険法に基づく小規模多機能型居宅介護事業	
認知症対応型共同生活介護	介護保険法に基づく認知症対応型共同生活介護事業	
地域密着型特定施設入居者生活介護	介護保険法に基づく地域密着型特定施設入居者生活介護事業	
地域密着型介護老人福祉施設入所者生活介護	介護保険法に基づく地域密着型介護老人福祉施設入所者生活介護事業	
複合型サービス（看護小規模多機能型居宅介護）	介護保険法に基づく複合型サービス（看護小規模多機能型居宅介護）事業	
居宅介護支援	介護保険法に基づく居宅介護支援事業	同左
介護老人福祉施設	設置できる法人が限られており、定款例が明示されていますので、実際に作成する場合は定款例を参考に作成した上で所轄庁とご相談ください。	介護保険法に基づく施設サービス事業
介護老人保健施設		
介護医療院		
介護療養型医療施設（経過措置）		
介護予防訪問入浴介護	介護保険法に基づく介護予防訪問入浴介護事業	介護保険法に基づく介護予防サービス事業
介護予防訪問看護	介護保険法に基づく介護予防訪問看護事業	
介護予防訪問リハビリテーション	介護保険法に基づく介護予防訪問リハビリテーション事業	
介護予防居宅療養管理指導	介護保険法に基づく介護予防居宅療養管理指導事業	
介護予防通所リハビリテーション	介護保険法に基づく介護予防通所リハビリテーション事業	
介護予防短期入所生活介護	介護保険法に基づく介護予防短期入所生活介護事業	
共生型介護予防短期入所生活介護	介護保険法に基づく共生型介護予防短期入所生活介護事業	
介護予防短期入所療養介護	介護保険法に基づく介護予防短期入所療養介護事業	

介護予防特定施設入居者生活介護	介護保険法に基づく介護予防特定施設入居者生活介護事業	
介護予防福祉用具貸与	介護保険法に基づく介護予防福祉用具貸与事業	
特定介護予防福祉用具販売	介護保険法に基づく特定介護予防福祉用具販売事業	
介護予防認知症対応型通所介護	介護保険法に基づく介護予防認知症対応型通所介護事業	介護保険法に基づく地域密着型介護予防サービス事業
介護予防小規模多機能型居宅介護	介護保険法に基づく介護予防小規模多機能型居宅介護事業	
介護予防認知症対応型共同生活介護	介護保険法に基づく介護予防認知症対応型共同生活介護事業	
介護予防支援	介護保険法に基づく介護予防・日常生活支援総合事業	介護保険法に基づく介護予防・日常生活支援総合事業
介護予防・日常生活支援総合事業の第１号訪問事業	介護保険法に基づく第１号訪問事業	同左
介護予防・日常生活支援総合事業の第１号通所事業	介護保険法に基づく第１号通所事業	同左
介護予防ケアマネジメント	介護保険法に基づく第１号介護予防支援事業	同左

※　社会福祉法人の場合は、所轄庁が発出している定款例をご覧ください。

【障害福祉サービス事業の定款表記（株式会社、有限会社、NPO法人等の場合）】

サービス名	包括記載法
障害者支援施設	障害者支援施設の経営
居宅介護	障害者総合支援法に基づく障害福祉サービス事業
重度訪問介護	
同行援助	
行動援助	
療養介護	
生活介護	
短期入所	
重度障害者等包括支援	
共同生活介護	
自立訓練	
就労移行支援	
就労継続支援A型	
就労継続支援B型	
共同生活援助	
一般相談支援事業	障害者総合支援法に基づく一般相談支援事業
特定相談支援	障害者総合支援法に基づく特定相談支援事業
地域活動支援センター	障害者総合支援法に基づく地域活動支援センター
児童発達支援	児童福祉法に基づく障害児通所支援事業
放課後等デイサービス	
保育所等訪問支援	
障害児相談支援	児童福祉法に基づく障害児相談支援事業

※　社会福祉法人の場合は、所轄庁が発出している定款例をご覧ください。

2　事業計画書作成と資金計画書作成

事業を始めるとき、資本金のみで設備投資や運転資金を賄えるケースは少ないと思います。多くの場合、融資を受けて開業準備することになります。その場合、事業計画書と資金計画書はあくまで融資を通すために作成しているのではないでしょうか。

私は、これらの計画書は融資のためというより経営者向けに真剣に作成すべきだと考えています。介護保険事業のスタートは特に資金繰りがポイントです。介護保険事業は稼働率100%で始めることはまずできません。事業計画ではせいぜい３か月で30%、半年で60%、１年で90%の稼働率を目標とします。損益分岐点は介護サービスによって異なりますが、稼働率80%〜95%です。どの介護サービスであっても、少なくとも最初の半年間は赤字経営です。

なぜそうなるかというと、介護保険事業は人員基準というルールがあるからです。開業間もなくお客である高齢者が少ない場合でも、スタッフは人員基準で決められたメンバーを揃えて勤務させなければいけません。笑えない状況ですが、サービスを受ける高齢者数よりも勤務するスタッフが多いという日もあることでしょう。

そして、厄介なのが売掛金の回収サイトの問題です。報酬の約90%は介護保険から支払われますが、月末締め、翌々月25日頃の入金です。このことから、開業してから初めの２か月半の間は入金がなく、半年経過後も稼働率30%程度の入金しかありません。１年経過して稼働率が損益分岐点を超えるようになって初めて資金が溜まっていく流れです。過去の例から、十二分に資金を確保してから事業をスタートさせるべきだと思っています。思いのほかに開業後の集客が進まず、オープニングスタッフが次々と退職してしまい、収入減に採用費増というダブルパンチで資金が底を尽きてしまうこともあります。甘い見通しをもって事業を始めるべきではありません。

まず、事業計画は、人、モノ、お金の３点から作成します。人については採用や必要な手続き関係を記載します。モノは建物物件や備品の予定を記載します。お金は融資のほか、売上、経費、利益見込みを資金計画書のP/Lと連動させます。エクセルシートでは、縦軸は項目、横軸は時間の流れとなります。

特別な表ではないですが、経営者と税理士で打合せの都度、進捗や計画の調整を行いながら開業までの期間と開業後少なくとも３年間について短期事業計画を作成します。

さて、事業計画書は、経営者の具体的行動をイベントとして項目ごとに表に落とし込みます。時期と行動内容を書きますが、具体的な行動内容については別途その時期が近づいたら打合せをします。事業計画書に寄り添う形で資金計画書を作成します。資金計画書にはどんな項目にどれくらいのお金をかけるのかを記載します。

消耗品や通信費はひとくくりで良いですが、人件費はできれば介護職、ケアマネジャー等職種ごとに予算化をするほうが管理しやすいと考えています。少人数の事業所であれば、一人ひとりの人件費を予算化することが望ましいと思います。

経営を行う中で、事業計画書が修正されれば、資金計画書もおのずと修正されます。修正の結果、数値としてどのような変化が生じるのかわかるので、具体的に「いつまでに何人の利用者の獲得を頑張ろう」や「いつまでに〇〇の職種のスタッフを〇人採用しよう」という意欲につながると考えています。一番良くないことはゴールが定まらないままだらだらと現状を続けることだと思いますので、経営者に良い将来と悪い将来について資金計画書を通じて予想してもらうことで、行動に移す動機付けになると信じています。

【事業計画書】

							会社設立1年目							
年月		8月	9月	10月	11月	12月	1月	2月	3月	4月	5月	6月	7月	8月
会社														
	法人設立						設立							
	許認可申請								申請		許可			
	ホームページ						準備	準備	開設					
	会計・税務						税務署・市役所手続き						中間決算	
労務関係														
	社会保険									手続き				
	労災・雇用保険									手続き			月額変更、精算手続き	
	就業規則、福利厚生						検討			一部実施				
	労使協定									三六協定				
資金														
	自己資金	できるだけ確保お願いします												
	融資		事業計画、資金計画見直し				申請	実行						
	PDCA												計画見直し	
	助成金									検討				
採用														
	ケアマネジャー													
	お知り合いの看護師			ヘルプ	ヘルプ	ヘルプ	ヘルプ	ヘルプ	ヘルプ	勤務開始				
	新規採用の看護師			勉強会の開催、採用活動 リクルート業者の前倒し利用						勤務開始				
	訪問介護管理者兼サ責									勤務開始				
	サービス提供責任者													
	登録ヘルパー									勤務開始				
研修														
	介護職員初任者研修													
	喀痰吸引等研修（第1号研修・第2号研修）													
	コミュニケーションスキルアップ													
	ビジネスマナー研修													
物品														
	事務所	物件選び					打合せ	工事	工事					
	備品（PC、デスク、自転車）							選定・購入						
	備品（ソフト）				〇〇紹介			選定・導入						
	保険（事業）										加入			
営業														
	地域包括支援センター						実施			◎	◎	◎	◎	◎
	居宅介護支援事業所									○	○	○	○	○
	在宅療養支援診療所									◎	◎	◎	◎	◎
	〇〇市役所									△	△	△	△	△
	その他（地域の公民館など）									△	△	△	△	△
地域														
	事業所説明会							実施						
	地域包括ケア会議													
	地域のイベント													
利用者														
	ケアプラン数										6	10	15	20
	訪問介護利用者数										6	10	15	20
	訪問看護利用者数										6	10	15	20
売上														
	売上（単位：円）	0	0	0	0	0	0	0	0	0	351,000	537,000	663,000	789,000
	経費（単位：円）	0	0	0	0	0	265,000	582,500	582,500	1,250,700	1,150,700	1,165,900	1,192,300	1,244,500
	利益（単位：円）	0	0	0	0	0	-265,000	-582,500	-582,500	-1,250,700	-799,700	-628,900	-529,300	-455,500
年月		8月	9月	10月	11月	12月	1月	2月	3月	4月	5月	6月	7月	8月

					会社設立２年目											
	9月	10月	11月	12月	1月	2月	3月	4月	5月	6月	7月	8月	9月	10月	11月	12月
			本決算検討会			申告·納付										
							三六協定									
			計画見直し				計画見直し									
		検討·申請														
	募集開始	募集面接	募集面接	1名採用				募集開始	募集面接	募集面接	1名採用					
	随時、募集活動															
	募集開始	募集面接	募集面接	1名採用				募集開始	募集面接	募集面接	1名採用					
	随時、募集活動															
							再保険									
	◎															
	○															
	◎															
	△															
	△															
	25	30	35	40	45	50	55	60	65	70	75	80	85	90	95	100
	25	30	35	40	45	50	55	60	65	70	75	80	85	90	95	100
	25	30	35	40	45	50	55	60	65	70	75	80	85	90	95	100
	1,095,000	1,251,000	1,407,000	1,563,000	1,719,000	1,875,000	2,031,000	2,187,000	2,343,000	2,499,000	2,655,000	2,811,000	2,967,000	3,123,000	3,279,000	3,435,000
	1,325,500	1,379,500	1,433,500	1,487,500	1,919,931	2,093,931	2,027,581	2,390,581	2,369,030	2,995,978	2,476,326	2,529,973	2,583,619	2,637,265	2,690,911	3,317,855
	-230,500	-128,500	-26,500	75,500	-200,931	-218,931	3,419	-203,581	-26,030	-496,978	178,674	281,027	383,381	485,735	588,089	117,145
	9月	10月	11月	12月	1月	2月	3月	4月	5月	6月	7月	8月	9月	10月	11月	12月

【資金計画書６年分（損益計算書）】

	1年目								
	1月	2月	3月	4月	5月	6月	7月	8月	9月
ケアプラン利用者数（人） ＋3人／月				0	18	21	24	27	30
ケアプラン単価（円）				12,000	12,000	12,000	12,000	12,000	12,000
訪問介護利用者数（人） ＋3人／月				0	6	9	12	15	18
訪問介護訪問回数（回） 10回／月				0	36	63	96	135	180
訪問介護客単価（円） @4000*10回				20,000	20,000	30,000	30,000	30,000	40,000
介護保険収入（居宅）				0	216,000	252,000	288,000	324,000	360,000
居宅初回加算 @3000				0	9,000	9,000	9,000	9,000	9,000
居宅特定事業所加算（Ⅱ） @3000									
介護保険収入（訪問）				0	120,000	270,000	360,000	450,000	720,000
訪問初回加算 @2000				0	6,000	6,000	6,000	6,000	6,000
収入合計	0	0	0	0	351,000	537,000	663,000	789,000	1,095,000
役員報酬	220,000	220,000	220,000	220,000	220,000	220,000	220,000	220,000	220,000
給与（ケアマネ）									
給与（ケアマネ）									
給与（ケアマネ）									
給与（サ責兼ヘルパー） 44回／月				240,000	240,000	240,000	240,000	240,000	240,000
給与（サ責兼ヘルパー） 44回／月									
給与（サ責兼ヘルパー） 44回／月									
給与（サ責兼ヘルパー） 44回／月									
残業代									
ボーナス									
非常勤ヘルパー				0	0	0	0	0	0
給与（登・ヘルパー） @1800				0	0	34,200	93,600	163,800	244,800
登録ヘルパー待機／研修時給与 @1000				100,000	100,000	81,000	48,000	30,000	30,000
法定福利費（社会保険料） 17%で計算				78,200	78,200	78,200	78,200	78,200	78,200
研修費				50,000	50,000	50,000	50,000	50,000	50,000
通信費	10,000	10,000	10,000	30,000	30,000	30,000	30,000	30,000	30,000
家賃		300,000	300,000	300,000	300,000	300,000	300,000	300,000	300,000
賃借料（介護ソフト、コピー機）				50,000	50,000	50,000	50,000	50,000	50,000
水道光熱費	20,000	20,000	20,000	20,000	20,000	20,000	20,000	20,000	20,000
事務用品費	5,000	5,000	5,000	5,000	5,000	5,000	5,000	5,000	5,000
広告宣伝費（地域費）	10,000	10,000	10,000	10,000	10,000	10,000	10,000	10,000	10,000
顧問料				30,000	30,000	30,000	30,000	30,000	30,000
支払利息		17,500	17,500	17,500	17,500	17,500	17,500	17,500	17,500
火災保険料									
介護総合保険料				50,000					
減価償却費				50,000	50,000	50,000	50,000	50,000	50,000
経費合計	265,000	582,500	582,500	1,250,700	1,150,700	1,165,900	1,192,300	1,244,500	1,325,500
経常利益	-265,000	-582,500	-582,500	-1,250,700	-799,700	-628,900	-529,300	-455,500	-230,500

（介護保険収入（居宅）より以下の金額の単位：円）

				2年目			6年目			
	10月	11月	12月	1月	2月	3月	9月	10月	11月	12月
	33	36	39	42	45	48	150	150	150	150
	12,000	12,000	12,000	12,000	12,000	12,000	12,000	12,000	12,000	12,000
	21	24	27	30	33	36	150	150	150	150
	210	240	270	300	330	360	1,500	1,500	1,500	1,500
	40,000	40,000	40,000	40,000	40,000	40,000	40,000	40,000	40,000	40,000
	396,000	432,000	468,000	504,000	540,000	576,000	1,800,000	1,800,000	1,800,000	1,800,000
	9,000	9,000	9,000	9,000	9,000	9,000	0	0	0	0
							450,000	450,000	450,000	450,000
	840,000	960,000	1,080,000	1,200,000	1,320,000	1,440,000	6,000,000	6,000,000	6,000,000	6,000,000
	6,000	6,000	6,000	6,000	6,000	6,000	0	0	0	0
	1,251,000	1,407,000	1,563,000	1,719,000	1,875,000	2,031,000	8,250,000	8,250,000	8,250,000	8,250,000
	220,000	220,000	220,000	250,000	250,000	250,000	500,000	500,000	500,000	500,000
				240,000	240,000	240,000	280,000	280,000	280,000	280,000
							270,000	270,000	270,000	270,000
							260,000	260,000	260,000	260,000
	240,000	240,000	240,000	250,000	250,000	250,000	290,000	290,000	290,000	290,000
							280,000	280,000	280,000	280,000
							270,000	270,000	270,000	270,000
							260,000	260,000	260,000	260,000
				30,625	30,625	30,625	119,375	119,375	119,375	119,375
										1,910,000
	0	0	0	0	0	0	0	0	0	0
	298,800	352,800	406,800	460,800	514,800	568,800	2,383,200	2,383,200	2,383,200	2,383,200
	30,000	30,000	30,000	30,000	30,000	30,000	30,000	30,000	30,000	30,000
	78,200	78,200	78,200	131,006	131,006	131,006	429,994	429,994	429,994	754,694
	50,000	50,000	50,000	50,000	50,000	50,000	50,000	50,000	50,000	50,000
	30,000	30,000	30,000	40,000	40,000	40,000	90,000	90,000	90,000	90,000
	300,000	300,000	300,000	300,000	300,000	300,000	300,000	300,000	300,000	300,000
	50,000	50,000	50,000	50,000	50,000	50,000	50,000	50,000	50,000	50,000
	20,000	20,000	20,000	20,000	20,000	20,000	20,000	20,000	20,000	20,000
	5,000	5,000	5,000	5,000	5,000	5,000	10,000	10,000	10,000	10,000
	10,000	10,000	10,000	15,000	15,000	15,000	15,000	15,000	15,000	15,000
	30,000	30,000	30,000	30,000	130,000	30,000	150,000	150,000	150,000	150,000
	17,500	17,500	17,500	17,500	17,500	17,150				
					20,000					
	50,000	50,000	50,000	50,000	50,000	50,000	50,000	50,000	50,000	50,000
	1,379,500	1,433,500	1,487,500	1,919,931	2,093,931	2,027,581	6,057,569	6,057,569	6,057,569	8,292,269
	-128,500	-26,500	75,500	-200,931	-218,931	3,419	2,192,431	2,192,431	2,192,431	-42,269

【資金計画書6年分（キャッシュフロー）】

〔開業コスト〕

	1年目								
	1月	2月	3月	4月	5月	6月	7月	8月	9月
会社設立費用	300,000								
内部造作		10,000,000							
家賃		300,000							
敷金	1,200,000								
礼金	300,000								
事務用品費	200,000	200,000	600,000						
火災保険料	20,000								
介護総合保険料	20,000								
融資成功報酬									
合計	2,040,000	10,500,000	600,000						

〔資金計画〕

	1年目								
	1月	2月	3月	4月	5月	6月	7月	8月	9月
出資金	15,000,000								
融資実行		15,000,000							
融資返済		0	0	0	0	0	0	0	0
支払利息（再掲）		-17,500	-17,500	-17,500	-17,500	-17,500	-17,500	-17,500	-17,500
営業収入	0	0	0	0	0	0	351,000	537,000	663,000
営業支出	-265,000	-582,500	-582,500	-1,250,700	-1,150,700	-1,165,900	-1,192,300	-1,244,500	-1,325,500
税金納付									
開業費用	-2,040,000	-10,500,000	-600,000						
預金残高	12,695,000	16,612,500	15,430,000	14,179,300	13,028,600	11,862,700	11,021,400	10,313,900	9,651,400

借入金残高	0	10,000,000	10,000,000	10,000,000	10,000,000	10,000,000	10,000,000	10,000,000	10,000,000

〔利益〕

	年間
1期目（××年/12期） 〈開業1年目〉	-17,344,100
2期目（××年/12期） 〈開業2年目〉	891,016
3期目（××年/12期） 〈開業3年目〉	10,923,205
4期目（××年/12期） 〈開業4年目〉	15,565,477
5期目（××年/12期） 〈開業5年目〉	23,422,861
6期目（××年/12期） 〈開業6年目〉	21,869,395

				2年目			6年目			
	10月	11月	12月	1月	2月	3月	9月	10月	11月	12月

				2年目			6年目			
	10月	11月	12月	1月	2月	3月	9月	10月	11月	12月
	0	0	0	0	-199,888	-200,238				
	-17,500	-17,500	-17,500	-17,500	-17,500	-17,150				
	789,000	1,095,000	1,251,000	1,407,000	1,563,000	1,719,000	8,250,000	8,250,000	8,250,000	8,250,000
	-1,379,500	-1,433,500	-1,487,500	-1,919,931	-2,093,931	-2,027,581	-6,057,569	-6,057,569	-6,057,569	-8,292,269
					-70,000					
	9,060,900	8,722,400	8,485,900	7,972,969	7,172,150	6,663,330	43,107,723	45,300,154	47,492,585	47,450,316
	10,000,000	10,000,000	10,000,000	10,000,000	9,800,112	9,599,874	0	0	0	0

※　元本据え置き実施

3　理念

理念と聞くと鼻で笑う人がいます。そんな理想論を作って意味があるのかと言われたこともあります。しかし、私は真剣に作るべきだと考えています。理由は簡単です。同じ気持ちや同じ方向を向いている人と行動を共にしたほうが楽だからです。反対方向を向いているスタッフに会社の方針に従わせようとするとかなりのパワーを消費します。そして、そのスタッフがいる限り、経営者はパワーをそのために消費し続けなければいけなくなります。ただでさえ忙しいのにそんなくだらないことをしている暇はありません。

理念は社員全員の共通の価値観と考えてみるとわかりやすいと思います。決して理念は難しくする必要はありません。もちろん額縁に入れておく必要もありません。例えば、「誰でも受け入れる介護事業所になる」という理念を作ったとします。この理念はとても寛大で温かい介護事業所であることを目指していることになります。医療的行為が必要な利用者、感染症を患っている利用者、認知症状のある利用者等は一般的な介護事業所では利用を断られるケースもありますが、先の理念を掲げている場合、どうやったら当介護事業所では受け入れられるのかというポジティブな意見交換をスタッフ間で行うことができます。

しかし、もしこの理念がなかった場合、現場スタッフからどうやったら利用を断れるかという話が出てきてもおかしくありません。経営者自身が、誰でもが利用できる介護事業所を作りたいと思って独立開業したとしても、事業所に理念がなければ経営者の考え方に相反する考えを持つスタッフが入り込んでしまって、かき回されてしまいます。だからこそ、経営者の考え方を会社や事業所の理念として先に作っておくことが必要なのです。事業所見学や面接時には、必ず理念を伝えておくことで、経営者と価値観の異なる人を排除することができるのです。

そして、理念は経営者不在時にも大きな力となります。一つは普段からの心がけに役に立ちます。社外の人と話をするときも、当介護事業所で利用者に介護サービスを提供するときも、同じベクトル、同じ気持ちで接することができるので芯がぶれることはありません。芯がぶれなければ、高齢者への接遇で、態度や言葉に思いが現れるはずです。それは、必ず相手に伝わります。また、介護事業所は正社員よりもパートスタッフで現場を回すことが多いのですが、経営者や正社員の不在時に外部からの問い合わせがあった場合や介護サービス提供中に起きたトラブル時でも理念に基づいて行動することができます。独りよがりにならない、事業所の理念に寄り添う行動がとれるはずです。理念は、意外と目に見えないところで事業所を支えてくれるのです。

4 ビジョン

ビジョンは、理念を土台にして、法人や事業所をどんな形にしていきたいかをわかりやすく定義したものです。

前項の理念の例では、「誰でも受け入れる介護事業所になる」と定めてみましたが、この理念を土台として考え、ビジョンを「どんな認知症状の方でも安心して利用できる事業所となる」としてみましょう。この場合、事業所がどんな価値観を持ってどんな姿を目指しているかが明らかになります。日本には、アルツハイマー型認知症をはじめに600万人以上の認知症患者がいると言われています。高齢者が増えるにつれ、認知症患者も増加の一途をたどる見込みです。それを踏まえて、認知症状のある高齢者を率先して受け入れる事業所を目指した場合、どんなことが起きるでしょうか。

介護の仕事をしたいと考える求職者の中には認知症状のある高齢者のお世話を特にしたいと考える方が一定数います。そして、その中には認知症状のエキスパートになりたいと強く考える人もいます。行政も認知症状に対応できる介護職員を増やしたいと考えており、都道府県単位で、認知症状に対応するための研修が整備されています。レベルごとにステップアップする仕組みで、①認知症介護基礎研修、②認知症介護実践者研修、③認知症介護実践者リーダー研修、④認知症介護指導者研修と４つの研修体系が用意されています。つまり、時代の要請として、社会的にも介護者的にも認知症状に強い事業所や介護職が求められているのです。だからこそ、認知症高齢者のお世話をしてあげたいと願う求職者にはストレートに心に響くビジョンであり、一緒に働きたいと強く思うことになるでしょう。

ただでさえ介護業界は人手不足ですが、理念やビジョンを発信することは効果的な採用活動につながります。志が高く、そして、価値観が同じ、ベクトルも同じ方向を向いているスタッフを採用しやすくなります。そして、集客、つまり利用者の獲得ですが、認知症状を患う親や配偶者を持つ家族、そして、認知症状のある高齢者のケアプランを作成するケアマネジャーが、「どんな認知症状の方でも安心して利用できる事業所となる」というビジョンを知ったら、この介護事業所に家族や高齢者の介護を頼みたいと考えることでしょう。つまり、ビジョンは他の介護事業所との差別化にも利用できるということです。日本には、コンビニエンスストア並みの数の介護事業所が存在します。外部から見れば介護事業所はどこも同じように見えてしまいます。わかりやすいメッセージはこれからの介護事業所にとっては必須項目なのです。

前述した理念・ビジョンの観点に立てば、定款には、訪問介護、認知症対応型通所介護（＝認知症対応型デイサービス）、認知症対応型共同生活介護（＝グループホーム）は外せない事業目的となります。

5 ミッション

ミッションは、ビジョンを具現化する行動指針となります。前述したビジョン「どんな認知症状の方でも安心して利用できる事業所となる」を実現させるための行動を考えてみましょう。ミッションは多すぎても少なすぎても良くありません。多すぎは未達成になりがちになり、少ない場合は達成が容易になります。３～５つ程度だとバランスがとれると思います。

そして、行動指針は、ビジョンを実現するための通過ポイントとも考えられますので、数年でクリアして、次の通過ポイントを再設定することでビジョンに少しずつ近づくことができます。具体的にミッションを考えてみましょう。事業所のスタッフや外部の方にもわかりやすい行動指針としては、先に挙げた認知症状に対応するための研修①～④が使えます。「すべての職員が認知症介護基礎研修を受講する」という行動指針はインパクトがあります。求職者は、勉強熱心な方しか応募はしなくなるでしょう。その一方で話題が話題を呼び全国から求人への応募が期待できるようになります。認知症状の親や配偶者を持つ家族やケアマネジャーは、「ああ、この事業所だったらお世話になっても大丈夫だ。」と積極的に利用を希望することでしょう。

そのほかのミッションとしては、「いつもと変わらない居場所や環境の提供」が挙げられます。認知症患者は、病気のため短期記憶、つまり、最近のできごとを覚えていられません。そのような方にとって事業所の模様替えは命取りです。自分の場所＝いつもの場所がなくなってしまったらパニックです。そして、重要なことは自分をお世話してくれる人＝いつもの職員です。顔なじみの関係は認知症患者にとってはとてもとても大切なことです。そして、介護業界の離職率は30%とも言われています。いつもの送迎バスが迎えに来たと思ったら、いつも違う職員が出てくればびっくりしてしまいます。これでは、「いつもと変わらない居場所や環境の提供」と真反対のことをやっていることになってしまいます。居場所や環境とは、建物や送迎車両といったハード面だけではなく、職員や見えない介護サービスも含めたソフト面も対象であり、すべてが揃って初めて、「いつもと同じ居場所」であり、「いつもと同じ環境」となるのです。

つまり、このミッションは、対外的には安心できる介護事業所を目指すとしていながら、内部的には、離職率を下げる、定着させるということが目的となっています。直接的にミッションを「離職率を下げる」、「職員を定着させる」と謳ってしまったら、センスがありません。遠回しな表現ですが奥が深く、誰に対しても納得の得られるミッションとなります。具体的な離職率・定着率や退職者数といった目標値は内部的に持っていればよいだけです。さらにこのミッションを後押しするためにどうやったら職員は定着するのかという分析や会議を重ねて、短期や中期の計画を立てていけば良いのです。

３つ目のミッションとしては、ポジティブになれることが望ましいです。具体的には有給休暇の取得率や日数、予算目標を上回った場合の賞与への還元等です。ミッションとして明示する場合には、「ワークライフバランス」や「職員満足度の充実になる」かもしれませんが、いかに職員をやる気にさせるミッションを入れ込むかで経営のかじ取りは大きく変わることでしょう。

6　法人の強みと弱みの把握（SWOT分析）

SWOT分析は事業を始める前に必ず行います。クライアントとなる経営者自身や事業所の立ち位置を考えておかないと暗闇での行軍となってしまいます。経営者にSWOT分析の意義を説明して、税理士がクライアントにヒアリングを行ってボックスを埋めていきます。私は、単純に経営者が独立してまでやりたいことを素直にやってもらいたいと考えています。みなさん成功する自信を持っていますので、できない理由探し（反対意見）ではなく、できるための理由探し（肯定意見）をします。

介護事業を起業する方のほとんどは介護業界で十分な就業経験をお持ちです。SWOT分析は、そのクライアントの経験や資格がベースとなります。起業の相談は十中八九、訪問介護、訪問看護、通所介護、居宅介護支援事業所です。実は、入所系介護サービスは開業のための資金として億単位のお金がかかるため、ゼロからスタートされる方は少ない状況です。

さて、SWOT分析として通所介護事業を例に行ってみましょう。ペルソナとして、通所介護で約10年経験のある30代後半の介護職員の男性（東京都多摩地域在住、既婚・１児あり）を考えてみます。資格はヘルパー２級取得後に介護福祉士を取得し、さらにケアマネジャー資格まで取得して、介護業界でいうところの「上がり」の状態になっています。10年同じ事業所に勤めたことで副センター長兼現場リーダーとして日々活躍しています。男性は、勤めていた事業所のある地域で古株になっており、市役所の介護保険課にも顔なじみになっています。そのほか、クライアントからヒアリングして分かったことをまとめて下記の通りクロスSWOT分析をしました。

【SWOT分析】

	強み（S）	弱み（W）
機会（O）	*強み×機会* ・管理者が10年の通所介護経験あり ・管理者が地域の高齢者状況に詳しい ・管理者が行政との信頼関係あり ・認知症に強い通所介護事業所にする ・元職場と良好な関係 ・入浴できるデイにする	*弱み×機会* ・通所介護以外のサービスは未経験 ・認知症介護に強いスタッフが必要 ・運転できるスタッフが必要 ・ピラミッド型よりフラット型組織希望 ・認知症通所介護は利用料が高い ・認知症状利用者は利用が不安定
脅威（T）	*強み×脅威* ・認知症患者が増加中 ・認知症専門介護サービス制度がある ・地域にはデイサービスが多い ・元同僚が２人加勢 ・ICTを初めから導入する ・情報発信のためウェブを充実させる	*弱み×脅威* ・大手介護事業所が地域に多い ・工場跡地に新興住宅が予定されている ・住宅地の道路幅は狭い ・周辺のケアマネジャーが高齢化 ・出店予定地は駅から遠い ・認知症ケア研修は外部研修で開催される

（ペルソナ）
通所介護で約10年経験のある30代後半の介護職員の男性
東京都多摩地域在住、既婚・共働き、1児（10歳）
介護福祉士、ケアマネジャー
元副センター長兼現場リーダー
事業所のある地域で古株
市役所の介護保険課に顔なじみ
資本金として1,000万円準備

このSWOT分析に基づいて、事業所の戦略を考えます。戦略は、出店、採用、研修、内装工事・物品、営業・宣伝・広報の５項目とします。その後は、項目内で具体的な決定した戦略に基づいて、具体的な活動内容を事業計画書と資金計画書に落とし込んでいきます。戦略のアイディアは、ブレインストーミング法を使います。クライアントと税理士で30分程度のアイディア出しを数回繰り返し、近いアイディアがあれば集約していきます。ブレインストーミングの結果を下記の通りまとめました。

出店

・前職の事業所があったエリア内で出店（旧コンビニ居抜き物件あり）
・認知症対応型デイと地域密着型デイの併設型にする（物件㎡要確認）
・駐車場確保３台分　事業所前乗降エリア確保

採用

・前職の同僚２名が起業に伴い合流（介護職・看護職各１名）最終確認
・正社員介護職２名以内、相談員２名（運転ができること　ITアレルギー者断る）
・認知症ケアを希望するスタッフのみ採用
・週30時間未満就業パートスタッフ６名～８名を採用

研修

・入社時にオリエンテーション研修を実施（社会人マナー研修含む）
・認知症介護基礎研修未受講者は入社後半年以内の受講ルール化
・入社後３年以内に認知症介護実践者研修の受講ルール化（受講済社員は、給与や賞与で評価する）
・入社後６年以内に認知症介護実践リーダー研修の受講ルール化（受講済社員は、給与や賞与で評価する）
・チューター制度（指導者には手当をつける）
・理念研修（年に１度）

内装工事・物品

・落ち着いた感じの雰囲気、照明は暗め、床材はクッションフロア（内装工事にあまりお金をかけない）
・お風呂は個浴と機械浴の２タイプで自宅入浴できない方を積極的に受け入れ
・ウィルス除去に効果のあるエアコンを導入する
・内部カメラを導入（社員、利用者ともに契約時に必ず意味を説明）
・記録はタブレット入力
・クラウド型のソフトを導入
・複合機は、ペーパレス前提のものを導入
・送迎車両は、ワンボックス型２台（車いす対応）、普通自動車型１台（車いす対応）

営業・宣伝・広報

・地域包括支援センター、付き合いのある居宅介護支援事業所に営業する
・行政へは定期的に状況報告
・ホームページは、利用者向け、ケアマネ向け、求職者向けの３ページから構成
・ブランディングのため、ムービーを撮る
・SNSを利用した活動報告をウェブサイトで１日１回実施（スタッフ分担）
・内覧会実施（ケアマネ、他デイサービス事業者、利用希望者）

以上をもとに、優先順位を決めて具体的に５Ｗ１Ｈに従って準備を進めていきます。相手がいるもの、見積がいるもの、時間がかかるものは早めに取り掛かり、相手にも急いでいることを伝えておきます。例えば送迎車両は一気に３台は必要としません。２台までを開設時までに中古で準備する、３台目は利用者が60％を超える予定時期に導入するということになります。

2. 専門家の活用提案

1 社会保険労務士

私は仕事を進めるうえで、「餅は餅屋」だと考えています。性格上はなんでもやってあげたいと思ってしまうのですが、負荷がかかった時に対応できなくなってしまっては元も子もないので、関わることが決まったら初期の段階から分担を図るようにクライアントに説明します。その1つが社会保険労務士です。

これまでの経験から、就業規則や給与規程は最初からあったほうが良いと考えています。実は、労働組合との団体交渉や労働審判も経験しました。2度とやりたくないし、クライアントにも起きて欲しくないと思っています。そこで、例え従業員数が10人未満であっても積極的に就業規則を準備しておくことを勧めています。その時にはノウハウが詰め込まれた就業規則を持っている社会保険労務士に作成を依頼し、併せて雇用契約書や労働条件通知書の作成までセットでお願いするようにしています。

その時に必ずハローワーク関連の補助金や助成金の話をセットでするようにお願いし、社会保険労務士のメリットをクライアントに感じてもらいます。そのほか社会保険や労働保険関連の初期の手続きもお願いしてしまえば、経営者も準備のために時間を使えますし、税理士としても気をもむ必要がなくなります。

2 司法書士（行政書士）

法人の設立や介護保険サービスの許認可の専門家と言えば司法書士（行政書士）です。会社名は法人設立の上で要です。会社名を決める際、以前は類似商号の調査が必要でしたが、現在は類似商号の設立でも可能となりました。それでも、事業が順調に推移したころに、使用差し止めの請求や損害賠償請求等思わぬ横ヤリが入るかもしれない可能性は捨てきれません。そこで私は、無駄かもしれませんが転ばぬ先の杖として、類似商号の調査を勧めています。そのほか、定款の必須事項である事業目的や決算時期、資本金等のアドバイスは税理士として行います。実際の定款作成や申請手続きは、クライアント側に手続きを自力でやるという意思が固い場合を除いて、時間短縮を目的に司法書士（行政書士）を紹介します。最近は電子定款認証がメインとなっており、印紙税の収入印紙４万円が不要になったこともあり以前よりも費用がかからなくなっています。

3　弁理士

介護事業所の数は全国にコンビニ並みにあることは述べました。同地域にデイサービスがあった場合、外部からはどこも同じように見えてしまいます。そこで、理念やビジョンを使って差別化を図りますが、それ以外の差別化として商標登録という方法もあります。

TMは、トレードマークです。商標登録をしていない時期や商標登録出願中にネーミングやロゴマークとして使用できます。Rマークは登録したトレードマークになります。

自動車の話になりますが、四輪駆動のことは一般的に４WDやAWDと言われますが、アウディは「クワトロ」、メルセデス・ベンツは「４MATIC」というように異なる呼び方をしています。私は車のことは詳しくないので構造的な特徴はわかりませんが、同じ四輪駆動でも少し他社と違う何かがあると意識させ、プレミアム感を感じさせます。そのアイディアを介護業界でも導入しようということです。リハビリや入浴はどこの事業所でも行っていますが、少し特徴を持たせてネーミングやロゴマークを考えてみます。同じ介護をしていても、他事業所と少し違うという差別化を図ることができます。利用者やその家族も事業所を選択する上で動機付けにもなるかもしれません。費用がかかることから、クライアントに差別化の方法の１つであるとして説明をし、理解が得られれば、出願手続きを専門家である弁理士に依頼します。

【第2章】

介護事業所の開設支援

1．ハード面サポート

■ 許認可─行政書士との連携

介護保険事業は行政の許認可が必要ですが、この許認可申請は行政書士の専門領域です。税理士の中には行政書士の資格を有している方がいます。その場合は、行政書士として申請手続を受託して報酬を得ることができます。私は、行政書士資格を有していないため、介護業界に特化した行政書士に許認可申請をお願いしています。

まず、第１章でクライアントと行った打合せ内容を行政書士へ伝えます。最大の目的は、第三者による申請前チェックです。介護保険法ではサービスごとに人員基準や設備基準が定められています。例えば通所介護の設備基準では、食堂や機能訓練を行う場所としての面積に玄関や下駄箱、柱は含まれません。冷蔵庫やキッチンも含まれません。賃貸を予定しているテナントの図面を見た時に十分面積がとれそうだと思っても、実際に設計図に必要な設備を落としていくと、面積が不足してしまうこともあります。事務所スペースもパーテーションで区切ったり、鍵付きの書庫が必要だったりと細かい指示があります。そのため、行政書士には総合的な視点で、基準に合致しているかチェックをしてもらいます。基準に合致していなければ許認可は受けられないので、外部チェックは重要なポイントです。介護保険サービス数は60サービスを超えています。知らないサービスも当然あります。お金をかけてもダブルチェックはやるべきだと考えています。

次に行政書士の役割として時間管理があります。多くの場合で行政機関との事前相談（事前協議）が必要です。東京都足立区のホームページでは、下記のように期限を周知しています。

東京都足立区　地域密着型サービスの新規指定申請前の事前相談について
（例）4月1日に指定を受けたい場合
電話予約……1月18日期限
事前相談……1月25日16時期限（16時が最終受付時間です）
本申請………2月25日17時期限（17時までに本申請の書類が担当係に必着）
実地検査……2月下旬から3月中旬
指定日………4月1日
26日以降は翌月分として受付いたします。

期限を厳守するように記載されています。遅れた場合、開業時期は伸びると考えてください。おまけはありません。実際、私がオープンに携わった案件で開業が遅延したケースがあります。行政書士を利用せずクライアント自身で許認可申請を行ったケースです。行政によっては新規指定前研修が必須となっているところがあります。新規指定前研修を受けるにあたって申込期限があるのですが、クライアントが勘違いされていて、期限後申し込みとなってしまいオープンが１か月延びました。４月オープンと５月オープンとでは資金繰りや集客に大きな影響を与えてしまいます。二度とこのような失敗は繰り返さないよう肝に銘じています。

もう一つ行政書士にお願いしたいことは、この事前相談（事前協議）への同席です。行政の窓口になる担当者も人間であり、性格は十人十色です。正直なところ担当者の当たりはずれもあります。しかし、はずれだからといって担当者を変えてもらうことはできませんので、許認可が受けられるように対応するほかありません。担当者の言い方や態度によっては頭に来ることもあります。だからこそ、冷静になってくれる行政書士が側にいることで落ち着きを取り戻すことができます。

事前相談（事前協議）が終われば、申請書類（本申請）の審査になります。この申請書類の作成も行政書士に依頼することができます。この申請書類の提出は遅くとも許認可を受ける１か月～２か月前までに提出しなければいけません。書類に不備があった場合、書類の差し替えが必要ですが、万一差し替えに手間取った場合、やはり開業の遅延につながってしまいます。予定通りにオープンさせることがなによりも重要ですので、完璧な申請書類の作成と期限厳守が最大のリスクヘッジにつながります。

行政書士を利用するとそれなりの報酬が必要です。支出を抑えたいクライアントの気持ちはわかるのですが、万一、オープンが遅延した場合、行政書士報酬よりも資金繰りに与える影響のほうが甚大です。資金のほかにスタッフのモチベーションの低下、外部関係者（ケアマネジャーや利用予定者）との信頼関係への影響等インパクトは計り知れません。税理士としてクライアントにリスクを説明して、行政書士の利用を促すことが良いと信じていつも説明するようにしています。

2 商圏や物件の考え方

介護サービスを利用するお客様は、介護を必要とする高齢者です。例えば、ファミリー層が多い新興住宅地のようなエリアで開業した場合は、集客に苦労して厳しい経営になってしまいます。だからこそ商圏調査は重要なテーマです。クライアントからどの町が望ましいかという相談を受けた場合には、私は次の２つの情報を使ってサポートします。

１つ目の情報は、市区町村で作成している介護保険事業計画です。この事業計画は３年に１度作成されています。直近の計画は、平成30年度～平成32年度（2018年４月～2021年３月）のものとなります。さて、この事業計画には向こう３年間のその市区町村の介護保険事業の考え方や計画が記載されています。特に役立つ資料は、市区町村を地域包括支援センターの管轄ごとに区分し、高齢者人口、要介護認定者数、要支援認定者数、高齢化率等が記載されているページです。インターネットで検索すれば簡単に見つかります。もちろん無料です。

下記は、東京都文京区の介護保険事業計画の抜粋です。高齢者数や高齢化率の情報がビジュアルで掲載されていることがおわかりになると思います。その図表中、左上のエリア、富坂圏域は、高齢者人口や要介護認定者数が一番多いことから、出店予定地の第１候補に考えられます。高齢者や要介護認定者数が次に多い駒込圏域は第２候補として考えられます。一方で面積を見ます。富坂圏域は駒込圏域よりも約1.5倍広く高齢者が比較的広範囲に居住している可能性があります。その場合、通所介護の送迎を考えると効率が悪くなります。

そうなると比較的面積が小さくて高齢者数が多い、つまり、高齢者の人口密度の高い駒込圏域がこの場合第１候補として考えられます。そのほか、幹線道路の状況や商業地域、駅等の分布も要素として考えます。まずは客観的な情報を使って商圏を絞るようにサポートします。

【日常生活圏域と高齢者等の状況】

富坂圏域

面積	3.299 ㎢
総人口	70,972 人
高齢者人口	13,305 人
（高齢化率）	18.7 %
要介護認定者数	1,830 人
（認定者割合）	13.8 %
要支援認定者数	537 人
（認定者割合）	4.0 %

駒込圏域

面積	2.234 ㎢
総人口	49,662 人
高齢者人口	10,396 人
（高齢化率）	20.9 %
要介護認定者数	1,485 人
（認定者割合）	14.3 %
要支援認定者数	417 人
（認定者割合）	4.0 %

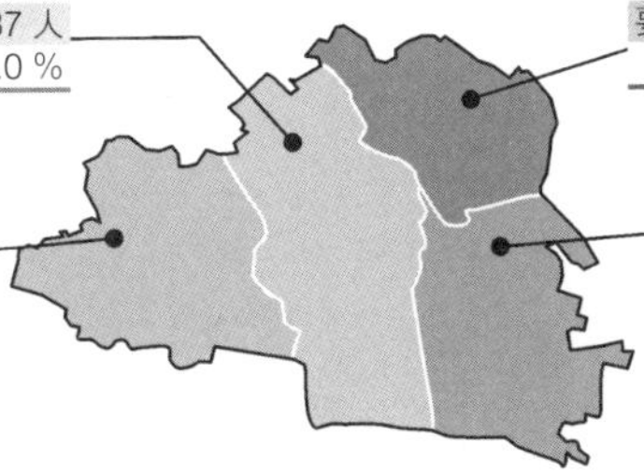

大塚圏域

面積	2.948 ㎢
総人口	49,358 人
高齢者人口	9,501 人
（高齢化率）	19.2 %
要介護認定者数	1,229 人
（認定者割合）	12.9 %
要支援認定者数	380 人
（認定者割合）	4.0 %

本富士圏域

面積	2.809 ㎢
総人口	46,129 人
高齢者人口	9,441 人
（高齢化率）	20.5 %
要介護認定者数	1,303 人
（認定者割合）	13.8 %
要支援認定者数	442 人
（認定者割合）	4.7 %

※データは平成29年9月1日現在。
※要介護・要支援認定者数は、住所地特例者（文京区の被保険者が区外の介護保険施設等に入所又は入居し、その施設等の所在地に住所を移した場合、引き続き文京区の被保険者となる制度）を除く。

（出典:「文の都」ハートフルプラン　文京区地域福祉保健計画　高齢者･介護保険事業計画　平成30年度～平成32年度）

この介護保険事業計画を使って商圏を検討する方法のほかに、リース会社や介護ソフトベンダー業者が無料で行ってくれる商圏調査を利用する方法もあります。無料ということもあり、情報源は国や地方公共団体が公表している情報となります。彼ら自身で新たに調査をするものではありません。以前、リース会社の担当者にこの商圏調査を依頼したことがあります。その仕組みを聞いたところ、公開されているデータベースを社内で取り込んで加工しているとのことでした。目新しさはないかもしれませんが、調査報告書としてまとまっているので見やすいメリットはあります。設備のリースや介護ソフトの利用が考えられるのでしたら、こういった業者に商圏調査を依頼してしまって構わないと思います。

２つ目の情報は、介護事業者情報検索システムの活用です。出店エリアがブルーオーシャンと限りませんので、出店エリアに所在する同業者の状況を確認します。例えば文京区には、介護・医療機関情報検索システムがあります。このシステムの優れたところは、地図上で介護事業所の分布をみることができるところです。他の市区町村でも介護事業者情報検索システムがあります。利用は無料です。もともとは介護サービスを利用したい高齢者が自宅の最寄りの介護事業者を検索するために作られたものですので遠慮せず活用します。

介護事業者情報検索システムを使って出店エリアを調べた結果、複数の介護事業所がひしめき合っている場合もあります。その場合は確実に需要があると考えられます。例えば通所介護事業所を出店する場合で、そのエリアに５つすでに通所介護事業所があることがわかったとします。次にすることは、それ

らの通所介護事業所の定員を調べることです。そして次に、事業所のホームページを見て特色を調べます。リハビリに特化していたり、１日お預かりするタイプの普通の通所介護事業所だったりとだんだんと地域にあるサービスが明らかになります。クライアントの特色が他の事業所とかぶっていなければGOです。

そして、他の介護サービスについても調べます。訪問介護事業所、居宅介護事業所があれば在宅サービスの需要が多いことがわかります。もし、特別養護老人ホームや有料老人ホームが多ければ地域の高齢者は施設系サービスを好んでいることが分かります。以前お手伝いした関東のある県のあるエリアでは施設に入所するのは世間体が良くないということで在宅サービスの需要が多かったことがありました。

次に物件探しのサポートです。介護事業所は高齢者が利用することもあって、１階でオープンすることがほとんどです。そして、設備設置のルールがあるので注意が必要です。例えば通所介護では、食堂、機能訓練室、静養室、利用者用トイレ、利用者用洗面所は同一階に設置することとなっています。このように１階の１フロアで一定面積のある物件に限定するとなると、家賃も高額になりやすく予算内の物件は限られてきます。なお、訪問介護事業所や居宅介護支援事業所の場合は、高齢者が事業所に来訪されることはないので、２階でも構いません。物件探しには税理士として特段関与しませんが、クライアントよりアドバイスを求められれば、次のように伝えます。

まずはインターネットで不動産情報を収集します。有力な物件が見つかったら、不動産業者に連絡をして内覧をさせてもらいます。少なくとも３つ程の物件は、実際に見ておいたほうが良いと思います。なお、不動産業者は、インターネット公開前の旬な物件情報を持っている場合があるので、新たな物件情報が入ったら連絡をしてもらうように伝えておきます。

介護事業所としての要件をクリアしていても、物件周辺の環境が望ましくない場合もあります。例えば、飲食店の排気口がすぐ脇にある建物でにおいや煙が気になる場合があります。そのため、時間帯を変えて物件周辺を見ておく必要があると伝えます。そのほか、通所介護の場合は、送迎時間帯の物件周辺の状況はとても重要です。以前、ごみ収集の件で頭を悩ませたことがあります。

ごみ収集が戸別回収であったため、介護事業所の前の道が狭い一方通行であったことから、利用者の送迎に思わぬ足止めをされてしまうことがありました。市役所に問い合わせたところ、ごみ回収時間は変えられないことがわかり、送迎ルートや時間帯を見直して対応した次第でした。

3 内装工事や備品・車両準備サポート

内装工事は基本的にクライアントが設計事務所や施工業者と直接打合せをするものなので税理士として特に関与はしません。必要な設備や平米数については行政書士に確認してもらうことで間違いをなくすことができます。そのうえで税理士としてのサポートは介護事業所のイメージについてクライアントの相談に乗ることです。否定的な意見や自分の好みを伝えるものではなく、自分の両親や知り合いがもし利用するとなったら、クライアントの介護事業所を勧めるかという視点で考えて発言します。介護事業についてはクライアントのほうがよっぽど詳しく経験もあります。だからこそ、高齢者の家族として、素人としての意見のほうが必要なのです。

もう一つ内装工事のサポートとして必要なのは、予算の管理です。家を建てたことがある方はご存知だと思いますが、少し上のランクの材料を使ったり、凝った造りにしたりしただけで見積額は上がっていきます。クライアントにとってはせっかく独立開業するのだからとついつい予算をオーバーしてしまいがちです。ここをきちっと予算内で収まるようにリードするのが税理士の役割だと思います。盛り上がっているクライアントに対して水を差さなければいけないとき、私は、償却資産税の話をします。テナントや他社の物件を借りて内装工事を行った場合、その内装工事が償却資産税の対象となることを税理士は知っていますが、クライアントは知らないことが多いです。率にしては1.4%と他の税目より低いものですが、取得価額の５％は除却するまで残り、支払い続けなければいけません。このしつこさをクライアントに伝えると、冷静さを取り戻してくれることがあります。

備品や車両についても同様です。何かとカタログを見ていると１つ上のグレードを選んだりオプションを付けたりしたくなります。できればクライアントがこれまで使ったことのある備品や車両を選択してもらうのが望ましいです。

もしくは、知り合いのいる介護事業所で実際に使っているものを見せてもらうことや使用させてもらうことを勧めます。メーカーの担当者で実機を使ってデモンストレーションをしてくれる場合もありますので、まずは、実際に使ってみてから決めるように促してください。いついつまでに決めてもらえればいくら安くしますという値引きをする業者がいますが、長く使うものなので目先の値引きよりも使い勝手やメンテナンス具合のほうが重要ですと優しく助言します。

備品として、機械浴槽やコピー機が大きな買い物となります。そのほか、冷蔵庫、パソコン、書棚等の備品が購入対象となります。

4 ソフトウェア選定─会計・給与・介護報酬

会計や給与計算は私たちの専門領域です。イニシアチブを取って積極的に提案しましょう。会計や給与計算ソフトを導入する際のポイントは、クライアントが自計化する場合と税理士事務所に委託する場合とで変わります。クライアントが自計化する場合は、クラウド系ソフトの導入は必須です。クライアントが入力した会計処理や給与計算の結果をチェックするので、事務所にいながら見られる環境にしておかないとめんどうです。修正の指示や問い合わせの際は、互いにパソコンを見ながら説明ができるのでとても便利です。

まず、会計ソフトの選定です。クラウド型会計ソフトは、社会福祉法人への導入を除いて、一般的な事業会社に導入している従来のクラウド型ソフトでOKです。社会福祉法人は、社会福祉法人会計対応の会計ソフトを選んでください。会計ソフトの必須条件は、WindowsやMac等パソコンの環境に依存しないこと、そしてGoogle ChromeやInternet Explorer、Microsoft Edge等ブラウザの種類に左右されないことです。すでに税理士事務所で使用しているものがあればそれを勧めても問題ないと思います。なお、クラウド型ソフトは月ごとや年ごとに使用料がかかるので、どちらがお金を負担するのか先に決めておいたほうが良いです。クライアントに負担していただくのであれば税理士報酬とは別に見積書を作成して、事前に説明します。

自計化前提の介護事業所がすでにパソコンインストール型の会計ソフトを導入している場合があります。その場合、リモートソフトを使って介護事業所のパソコンを遠隔操作することで会計ソフトを使用することができます。リモートソフトは無料版、有料版でもどちらでも構いません。このリモートは便利である一方で、外部のパソコンから遠方にあるパソコンにアクセスできることからセキュリティの面で不安が残ります。そこで、税理士事務所主導ではなく、クライアント主導で導入をお願いしてください。万が一顧問契約が終了した場合にもクライアント側で処理できれば事後の憂いもなくなります。

次に給与計算ソフトです。給与計算ソフトは特段縛りはありません。社会福祉法人に対しても特別なことはありません。介護事業所が自計化を希望する場合は、必ずクラウド型ソフトを勧めてください。自計化を希望する場合でも、年末調整や法定調書作成業務は委託されることが多いので、日ごろからチェックしておかないと年末があわただしくなってしまいます。

給与計算を受託している場合の給与明細書です。弊法人では、PDF化して介護事業所に向けSNSでアップして、先方でダウンロードして印刷をする場合と印刷をして封筒詰めを行って渡す場合の２通りあります。最近ではWEB上で確認できるICT化も進んでいますので導入を検討しても良いと思います。

最後に介護報酬請求ソフトです。介護報酬の計算業務を税理士事務所が受託するケースは稀だと思います。弊法人でも受託した経験はありません。介護報酬請求ソフトは、社会福祉法人勤務時代に選定した経験があり、これまでもクライアントの創業時にいくつか推薦したことがありますが、どちらかというとクライアントである経営者や従業員が前職で使用していたソフトを導入する例が多いです。やはり使い慣れたもののほうが安心できるようです。

ただし、介護報酬請求ソフトの世界にもクラウド化の波が押し寄せています。クラウド型の導入に躊躇されるようでしたら、クラウド型の利点を説明して勧めます。特に会計業務を受託する場合は、介護報酬請求ソフトもクラウド型が望ましいです。介護報酬は、サービス提供月の翌月１日～10日に国民健康保険団体連合会（国保連）に請求し、売上を確定させます。クライアントの請求担当者は請求業務だけをしているわけではないので、請求が終わると通常の業務に戻ってしまいます。この時、税理士事務所から売上情報や口座振替結果を送ってくださいとなると、煙たがられるかもしれませんし、２度３度失念されてしまうかもしれません。それでしたら、直接、税理士事務所のパソコンからクラウドの介護報酬請求ソフトにアクセスして必要な情報が取得できればお互いに無駄な作業がなくなります。

介護報酬請求ソフトは、実は、介護報酬請求業務のみを行うのではありません。例えば、高齢者の健康状態や生活状態等の記録、家族との相談記録等介護事業に関する情報を入力する統合ソフトです。最近は記録をタブレットで行うスタイルも出てきています。以前は記録を入力するため、数少ないパソコンが空くまで待たなければならず、残業になってしまうこともありました。クラウド型であれば、複数台のタブレットで分散入力できるので待つ必要はありません。

5 ICT導入支援

介護事業所は、ICT導入に消極的です。現在でもFAX連絡が主要な連絡方法です。例えば、在宅サービスの介護事業所（通所介護や訪問介護）からケアマネジャーへの実績報告はプリンターで印刷後に複合機でFAX送信します。20年前からこのやり方は変わっていません。なぜ変わらないかというと、変えたくないという気持ちが強いのだと思います。それでも、担当者に話を聞くとFAXは面倒くさい、時間もかかる、誤送信が怖い、とおっしゃいます。やはりこのままではいけないと思います。そこで少しずつICTを導入していきましょう。

まず、弊法人では顧問契約締結後に必ずクライアントのスマホやパソコンにチャットアプリをインストールしてもらいます。顧問契約の条件にチャットアプリの導入を義務付けているからです。その場で税理士法人とクライアントとのグループチャットを作成し、以後グループチャットで報連相を行います。メールは使用しません。メールは便利ですが、誤送信、誤削除、ファイル添付漏れ、迷惑メールボックス問題、見逃し、埋没等デメリットのほうが多いと考えています。メールとチャットの相違点を以下のようにまとめることができます。

【チャットとメールのメリットデメリット】

項目	メール	チャット
誤送信	ある	ない（あってもすぐに削除できる）
誤削除	ある	ない
ファイル添付もれ	ある	ない（あってもすぐに添付できる）
迷惑メールボックス	ある	ない
見逃し	ある	ない（アイコンにお知らせあり）
埋没	ある	ない
費用	通常有料	無料からスタートできる
過去の履歴	追いにくい	追いやすい
グループでの情報共有	しにくい	しやすい
退職者への対応	送信したメールは削除できない	グループチャットから除外することで見られなくなる

クライアントの社内でも報連相の手段として、チャットを使用してもらうように指導します。介護事業所は早番や遅番、夜勤などのシフトがあるためスタッフがみなで顔を合わせる場がありません。どうしても連絡に遅延が生じます。チャットアプリを導入すれば、同時間に全てのスタッフに情報を発信できるので、タイムラグは生じません。仮にスタッフが休みであっても、丸一日スマホを見ないという方はいないと思うのでどこかの時間帯で見てもらうことができます。次の日になって出勤して初めて知るということにはならずに済みます。チャットアプリの導入にはルールが必要です。私は、必ず１日１回はチャットアプリを見てもらうようにお願いしています。

グループチャットでは、複数グループを作成できます。そこで、介護スタッフや管理職のグループチャットを作ってそこで報連相を行います。職種や役職縛りでの情報共有手段がすぐにできます。スタッフの中には個人のスマホに仕事の連絡がくるのはいやだと言う人もいます。無理強いはできませんが、創業時であればこれからスタッフを雇うことになるので、事前段階の募集要項に記載したり面接時に意思確認できたりするので反発は極力抑えることができます。

チャットの機能の１つにビデオ通話があります。会議の開催もこのビデオ通話を利用することでわざわざ集まることなく開催することができます。弊法人では、新型コロナウイルス感染症の影響により来訪ができないときは、代わりにこのチャットのビデオ通話機能を使って打合せを行っていました。

6 融資の申し込み

融資サポートは税理士の得意とする業務です。一方でクライアントは、初めての独立でもあり、融資知識はゼロです。何をどうすれば良いのかご存じない場合が多いです。そこで、融資サポートは、クライアントの不安を取り除いてあげながら、スムーズに進むようにアシストする必要があります。融資を申し込む金融機関として、弊法人は第一に日本政策金融公庫をご紹介しています。融資額が目標に不足するときは地元の信用金庫の協調融資を活用しています。

まず、税理士から日本政策金融公庫の担当者へ事前打ち合わせの連絡をします。この事前打ち合わせ時には、まだクライアントは登場しません。打ち合わせ時にクライアントから得た情報と必要書類である創業計画書や資金計画書等必要書類をまとめて渡します。特に設備関係については、介護事業所の立地や内装イメージを伝えて、併せて必要な融資額を明示しておきます。また、社長の人柄やこれまでの実績を伝えることで、社長面談は好印象でスタートできるようにします。

事前打ち合わせ時に日本政策金融公庫の担当者から追加資料の指示をいただくので、こちらも時間をおかずに作成してしまい、社長面談前に担当者に渡しておきます。これにより、社長面談時は、本人確認資料としての運転免許証や通帳原本程度まで持参資料を減らすことができます。私は、クライアントには面談当日は、身一つで来てくだされればOKですと言っています。社長面談の付き添いですが、付き添ってほしいと要望がある場合は同行します。

7 介護報酬（加算）

介護報酬は、基本報酬と加算報酬の２階建てで構成されていますが、近年の介護報酬はこの基本報酬部分が減額され、減額された部分を加算報酬で取り戻して売上を確保する状況が続いています。加算報酬は、介護サービスの種類ごとに定められているので、全てを覚えきることはできません。そこで通所介護や訪問介護、居宅介護支援事業、特定入所者生活介護等クライアントになりやすい介護サービスの加算報酬について押さえておけば十分です。なお、介護保険法の改正があった場合加算報酬が新設・廃止される場合があるので、改正の際は情報収集しておく必要があります。

【通所介護等の介護報酬（加算）の例】

通所介護
延長加算 中山間地域等に居住する者へのサービス提供加算 入浴介助加算 中重度者ケア体制加算 生活機能向上連携加算 個別機能訓練加算 ADL維持等加算 認知症加算 若年性認知症利用者受入加算 栄養改善加算 栄養スクリーニング加算 口腔機能向上加算 サービス提供体制強化加算
訪問介護
身体介護に引き続き生活援助をおこなった場合（生活援助加算） ２人の訪問介護員等による場合 夜間早朝・深夜の場合 特定事業所加算 特別地域等訪問介護加算 中山間地域等における小規模事業所加算 中山間地域等に居住する者へのサービス提供加算 緊急時訪問介護加算 初回加算 生活機能向上連携加算
居宅介護支援事業所
初回加算 特定事業所加算 入院時情報連携加算 退院・退所加算 ターミナルケアマネジメント加算 小規模多機能型居宅介護事業所連携加算・看護小規模多機能型居宅介護事業所連携加算 緊急時等居宅カンファレンス加算 特別地域居宅介護支援加算 中山間地域等における加算

（2021年3月現在）

介護報酬（加算）の選択は税理士から提案するものではなくクライアントが主体的に選択するものです。加算取得は、積極的に加算を取得していく事業所と消極的な取得に留まる事業所に分かれます。その理由の１つとしてクライアントの経営者の性格があります。肉食系の方は少しでも加算を取っていこうと考え、おっとり系の方は、そのうち取れれば良いと考えているようです。しかし、ビジネスですからそうは言っていられません。加算の有無で売上目標が変わってきます。売上目標が変われば損益分岐点や人件費等の一般管理費の目安も変わります。特に消極的な加算の取得になると利益が出にくい経営体質となり、資金繰りに苦しむ可能性もあります。その時、私たち税理士としての役割は、加算を取っていくように経営者のマインドをオンにさせることです。

そこで、クライアントが選択しなかった加算について、検討の是非を促します。他の介護事業所が当然のように取得している加算にも関わらず取得を躊躇しているのであればやはりその加算は取得するように背中を押してあげます。また、加算取得の要件維持に自信がなく加算レベルを下げようと考える場合には、鼓舞します。掛け声だけでは動きが良くならないので、売上に対するインパクトを説明します。

例えば､左の表にある通所介護の「サービス提供体制強化加算」には（Ⅰ）イ、（Ⅰ）ロ､（Ⅱ）の３種類の報酬単位が設定されています。（Ⅰ）イは18単位､（Ⅰ）ロは12単位、（Ⅱ）は６単位です。１単位は最低でも10円です。月間で延べ利用者人数が500人の通所介護の場合の年間加算額は、（Ⅰ）イは500人×12か月×18単位×10円＝1,080,000円、（Ⅰ）ロは500人×12か月×12単位×10円＝720,000円、（Ⅱ）は500人×12か月×６単位×10円＝360,000円となります。もちろん加算を取得しなければ０円です。

上記の例では、年間売上で０年～108万円の差が出てきます。この加算にはコストはかかりませんので売上=利益と考えてもらって構いません。可能な限り加算を取得する、より単価の高い加算を取得することを検討してもらいます。もし、要件である資格者の割合の維持に躊躇するのであれば、定着化を図るために資格手当の増額等を検討することができます。人件費にしか当てられない加算もあるので上手に利用します。

8 人員基準の確認

人員基準は、許認可申請前にクライアント側や行政書士によってチェックが完了しています。そして、多くの場合で許認可申請書には、この人員基準に則った最低限の人数配置が記載されます。ところが実際のサービスはこの最低限の人数ではやりくりできません。業界用語では、「現場が回らない」 と言います。そのため、人員基準＋@の資格者や人員を確保しなければなりません。しかし、売上には天井があるためやみくもに人員増はできません。そこでクライアントと実際に現場を回せる人数を算出して、実際の給与額を当てはめてリアルな人件費を計算します。この人件費は目標とする売上が安定飛行に到達したとき、理想の人件費比率をかけて計算した金額を下回るように設計する必要があります。

例えば、通所介護を月曜日～金曜日を営業日とし、土日を休日とする事業所と月曜日～土曜日と祝日を営業日とし、日曜日を休日とする事業所があったとします。通所介護の場合、生活相談員は、提供する時間数に応じて、同じ通所介護に専従する人が１名以上必要です。月曜日～金曜日を営業する事業所は、生活相談員は１名採用すればOKです。１日の従事時間８時間×５日＝40時間となるので労働基準法に違反しないためです。一方で土曜日がある場合は、１人の生活相談員では１日の従事時間８時間×６日＝48時間をカバーすることはできないので、必ずもう１名の採用が必要となります。または介護職員で資格要件を満たすスタッフに１日は生活相談員業務に専従してもらう対応が必要となります。その場合、介護職員が不足する１日について補充するというスパイラルとなります。

このように、人件費は簡単に増える傾向にあるので、事前にクライアントに人件費の上限額や売上に占める適正な割合を伝えておきます。事業計画書や収支計画書ではこの時期に人を採用しようと計画できますが、実際にはそううまくいきません。採用はご縁そのものであることから採れるときに採ってしまおうとする意識が働きます。この人件費のコントロールこそが介護事業の経営の醍醐味であり、税理士の腕の見せ所かもしれません。

9　介護職員処遇改善加算、介護職員等特定処遇改善加算の確認

介護職員処遇改善加算と介護職員等特定処遇改善加算は人件費として支払うことが義務付けられています。実質、給与アップのための加算であることから、加算を取ればスタッフの給与を上げなければいけません。介護職員処遇改善加算は介護職員のみの給与アップに、介護職員等特定処遇改善加算は介護職員を中心として介護職員以外の給与アップにも使用できます。支払い時期や支払い方法は介護事業所の采配に任されていますが、必ず全額を支給する義務があり

ます。

支給方法は、毎月の給与に上乗せして支給したり、賞与に上乗せして支給したりします。創業間もない介護事業所の場合、介護職員処遇改善加算等の加算分の入金があっても、スタッフへの支払いは後回しにしてしまうことがあります。半年もその状態が続けば銀行の預金残高がびっくりするほど増えます。通所介護の場合、処遇改善加算は加算Ⅰで5.9%、特定処遇改善加算Ⅰで1.2%なので、合計で7.1%の売上が増えます。増えていることは良いことですが、増えている理由をクライアントも税理士も忘れてしまっていると、「なんだかお金が残っていますね、タブレットやパソコンを追加で購入しましょう。」と使ってしまいかねません。スタッフへの上乗せ支給は絶対ですので、収支計画書や資金計画書では項目を別建てして絶対に忘れないようにします。クライアントによっては、処遇改善引当金という科目を任意で作って、忘れ止めをする場合があります。

介護職員処遇改善加算等のおすすめの支給方法は、毎月の諸手当としての支給と賞与への上乗せ支給の合わせ技です。従業員の満足度が高く、計画的に支払えるので一石二鳥です。一方でお勧めしない支給方法は、支給期限間近での一斉支給です。一気に資金がなくなってしまうので、もしそれまでに使い込んでしまっていたら資金繰りがピンチに陥ります。また、それまでに退職してしまう職員は結局受け取ることはできないので、不満分子化してしまい職場環境に悪い影響を与えてしまうことになります。

【加算算定対象サービス】

＊１段階×0.95としたサービス区分

サービス区分	特定処遇改善加算		現行の処遇改善加算				
	新加算Ⅰ	新加算Ⅱ	加算Ⅰ	加算Ⅱ	加算Ⅲ	加算★Ⅳ	加算★Ⅴ
・訪問介護 ・夜間対応型訪問介護 ・定期巡回・随時対応型訪問介護看護	6.3%	4.2%	13.7%	10.0%	5.5%	加算（Ⅲ）により算出した単位×0.9	加算（Ⅲ）により算出した単位×0.8
・（介護予防）訪問入浴介護 ＊	2.1%	1.5%	5.8%	4.2%	2.3%		
・通所介護 ・地域密着型通所介護 ＊	1.2%	1.0%	5.9%	4.3%	2.3%		
・（介護予防）通所リハビリテーション	2.0%	1.7%	4.7%	3.4%	1.9%		
・（介護予防）特定施設入居者生活介護 ・地域密着型特定施設入居者生活介護 ＊	1.8%	1.2%	8.2%	6.0%	3.3%		
・（介護予防）認知症対応型通所介護	3.1%	2.4%	10.4%	7.6%	4.2%		
・（介護予防）小規模多機能型居宅介護 ・看護小規模多機能型居宅介護 ＊	1.5%	1.2%	10.2%	7.4%	4.1%		
・（介護予防）認知症対応型共同生活介護 ＊	3.1%	2.3%	11.1%	8.1%	4.5%		
・介護老人福祉施設 ・地域密着型介護老人福祉施設入所者生活介護 ・（介護予防）短期入所生活介護	2.7%	2.3%	8.3%	6.0%	3.3%		
・介護老人保健施設 ・（介護予防）短期入所療養介護（老健）	2.1%	1.7%	3.9%	2.9%	1.6%		
・介護療養型医療施設 ・（介護予防）短期入所療養介護（病院等）	1.5%	1.1%	2.6%	1.9%	1.0%		
・介護医療院 ・（介護予防）短期入所療養介護（医療院）	1.5%	1.1%	2.6%	1.9%	1.0%		

（出典：厚生労働省　社会保険審議会　介護給付費分科会　第168回資料）

★加算Ⅳ及び加算Ⅴは令和４年３月をもって廃止予定

2. ソフト面サポート

❶ 経営者の心のケア

経営者は孤独だと思います。特にこれまでサラリーマンとして介護業務に従事していた場合、一念発起して独立したはいいが、何でも自分で考えて判断しなければいけないのでこれまで感じたことのない疲れ方をします。また、大きな借金をするので本当に大丈夫なのかと不安になっています。結婚前のマリッジブルーではないですが、やっぱり独立起業は止めたほうがよかったのではないかと振り子のように心が揺れてしまいます。

私自身も、そしてこの本を読んでくださっている皆さんも税理士として独立をすれば一国一城の主です。クライアントに共感できるはずです。だからこそ、ここは税理士である私たちの出番なのです。事業計画書、資金計画書をクライアントと一緒に作りました。準備は遅滞なく進み、良好な進行状況です。しかし、それでもクライアントが落ち着かなければ私は、すでに起業した先輩介護事業経営者の話を伝えます。「どの方もやはり準備中は不安でいらっしゃいました、それでも万全を期すため足りないものはないかスタッフと確認されていましたよ。」とにかく、クライアントを勇気づけます。

実際のところ、開業してしまえば３か月はがむしゃらに働いてあっという間に時間は過ぎます。しかし、４か月目に入るとうまく行っていないところが目に付くようになります。例えば利用者の獲得状況、スタッフ間の雰囲気、資金繰りです。目標の稼働率には届かず低い稼働率状態が続けば、国保連からの入金も増えないので、預金通帳の残高が減っていきます。このままいくと○月には資金が不足してしまうとなります。また、スタッフのAとBの反りが合わず、雰囲気が悪く報連相がうまく行かない等、現場に悩まされることもあります。経営者は不安のどん底に落ちているかもしれません。税理士との定期打ち合わせでは、「このままで大丈夫でしょうか。」となります。

やるべきことは決まっています。決めた事業計画に向かって行動できるように具体的に行動内容を決めてやるしかありません。事業計画と比べて予定通り進行していない場合、放っておいた時間が長ければ長いほど傷口は広く深くなります。問題がなさそうでも１か月に１度は必ず打合せを行って状況把握が必要です。

2 スタッフ採用

介護業界はとにかくスタッフ応募が少なく採用に四苦八苦しています。足りないスタッフを人材派遣や紹介派遣の利用でしのぐのは当たり前な状態です。いくら売上を確保したところ派遣料や紹介料としてお金が出て行ってしまっては残るものも残りません。一般的には、とてももったいないお金の使い方です。だからこそ、スタッフ採用には真剣に向き合うべきで、特に最初が肝心です。他の業界で行っているリクルート手法を初めから導入してベストを尽くすべきです。

介護事業所はオープニング時が一番スタッフ採用しやすい時期だと思います。これは、自分自身の経験やこれまでクライアントの開業支援を見てきて思うことです。介護事業所のオープニング時は事業がまっさらな状態です。そこで、新天地を求めて自分自身の経験や知識を役立てたいと考えている方がいます。そのような方が多く集まりやすいので募集の網を張ってより多くの応募を集めるチャンスにします。

3 会計請負内容の確認

これまでクライアントに対して創業サポートを行ってきましたが、税理士としてのメイン業務はまだ提供していません。そこで、実際に事業がスタートしてから税理士がどのように関与するのか明らかにしておく必要があります。ここを怠るとなんでもかんでも押し付けてくるクライアントになってしまうかもしれないので、自事務所を守るということと、クライアントと良好な関係を継続するためにもしっかりやっておきます。

まず、メインとなる顧問契約を締結します。さらに税理士会が出している個人情報保護管理覚書も交わします。以前、クライアントのスタッフがマイナンバーを提出してこないことがありました。税理士がマイナンバーを保管することを嫌がり、漏洩等が起きた場合にどう責任をとるのかと強い剣幕で言われたことがあります。そのような場合、税理士法第38条で守秘義務があることと、この個人情報保護管理覚書を説明して、厳しい取り扱いが求められ万一の時は税理士事務所側で対処することを伝えて理解してもらった経緯があります。

顧問契約書には別紙として具体的に行う業務説明書類と顧問報酬表を添付します。顧問契約書には細かい点は表現できないので、別紙を用意して説明をしたほうがクライアントの理解が早まりますし理解の齟齬も生じにくいと考えています。初めて税理士と付き合うクライアントは、正直なところ税理士がなんなのか理解できていません。税理士と、行政書士、司法書士、社会保険労務士との違いがわかりません。そのため、他の士業の専門領域に属する業務を躊躇せず税理士に依頼されます。他の士業の専門領域のことを説明するのは大変なので、税理士として行える業務について限定して説明したほうが楽です。

実際は、「そんなことも！」と思うレベルまでクライアントには説明すべきです。「わかっているだろう……」が、ボタンの掛け違いに発展しますし、税理士が精神的に疲れる原因なので、最初が肝心です。例えば、領収書や請求書を誰がいつどのように渡すのか（回収するのか）、領収書はだれがどのように管理するのか、銀行口座とは連携するのか、通帳のコピーはいつクラウドにアップするのか等です。税理士側でフォーマットを最初に作っておけばあとは使いまわしできますので、面倒がらずに作ってみましょう。

【業務確認表】

NO.	項目	確認内容	☑
1	連絡手段	チャットを使用する（メール・電話は原則使いません）	☐
2	領収書や請求書①	毎月17日ごろに税理士事務所着となるよう郵送する	☐
3	領収書や請求書②	毎月20日ごろにクライアント着となるように返送する	☐
4	領収書や請求書③	領収書や請求書は月ごとのビニールフォルダに入れて保管する	☐
5	小口現金出納帳	毎日入力し、月が替わると新しいエクセルシートへ入力する	☐
6	金種表	毎日、夕方に金種を調べて金種表に記載する	☐
7	売上	毎月11日にクラウド介護報酬ソフトを税理士が見て確認する	☐
8	国保連通知（介護報酬）	毎月月初に、PDFをチャットにアップする	☐
9	口座振替結果（利用料）	毎月末に口座振替結果をクラウド介護報酬ソフトで税理士が確認する	☐
10	利用料	事業所へ利用料を回収した場合は、5日以内に預金口座へ入金する	☐

11	給与計算	給与計算は20日までに行う、税理士はクラウドの給与計算ソフトを確認する	□
12	給与明細書	給与日前日にクライアントが印刷して、スタッフに渡す	□
13	会計データ入力反映	訪問日の前日までに入力完了し、クラウド上で見られるようにする	□
14	会計報告書のアップ	打合せ用データを作成し、チャットにアップする	□
15	訪問	毎月25日ごろ訪問する	□
16	源泉所得税	毎月10日に、税理士が口座振替処理にて納付手続きする	□
17	マイナンバー	入職後、指定のシートに免許証、マイナンバーをコピーして専用の封筒に入れて税理士に渡す	□
18	扶養控除申告書等	入職後、必要事項に記入の上、17と一緒に税理士に渡す（原則入職月の月末まで）	□
19	通帳記帳	毎月初に前月末までの分を記帳してチャットにアップする（会計ソフトと口座が連携していても）	□
20	稼働率や要介護度の推移	クライアントが打合せ時に資料を準備する	□

契約締結の際や具体的に開業後の打合せができる状態の時にクライアントと税理士事務所双方の役割や約束事を決めて相互確認します。２部作成して、１項目ずつ読み上げ、説明してチェックを付けていくことで「知らなかった、聞いていなかった」というトラブルが防止できます。

4　労務管理

労務管理は税理士業務ではありません。社会保険労務士とクライアントが顧問契約を結んでいる場合は特に口出ししません。しかし、そうではない場合、税理士としてクライアントに理解しておいてもらいたい一般的な内容については説明するべきだと考えています。

まず、就業規則です。従業員10人未満の事業所では就業規則の作成は任意です。法人設立当初、スタッフは皆無ですし、開業準備中もスタッフ数は10人にはならないと思います。しかし、開業後は、居宅介護支援事業所でもないかぎり、多くの場合で10名を超えます。特にパートタイムやアルバイトが増えます。事業所の就業に関してのルールがないと自分勝手な考えで有給を消化したり欠勤したりと内部統制がとれなくなります。この就業規則は労働者の代表の意見を聞くことになっているので、すでに従業員がいる場合は、意見を聞いた上で署名をもらわないといけません。そのため、私は身内の従業員で固められているうちに就業規則を作成して労働基準監督署に届け出る作戦をクライアントには説いています。

就業規則は、会社有利に作成しておくべきだと思っています。勤務態度が不良で職場にも悪い影響を及ぼすスタッフがいる場合になんとか辞めてもらえるように外堀から埋められるような条項を設けて粛々と処分できるようにしておく必要があります。残念ですが、性善説は成り立ちません。

次に採用通知書や雇用契約書です。採用通知書や雇用契約書は会社とスタッフとの初めての約束事です。給料額やお休みのことなど納得の上で就業してもらうのですが、面接時の口頭約束だけで採用条件を明文化していない事業所もあると聞きます。その場合、決まってトラブルに発展します。言った、言わないの水掛け論です。このトラブルの類は職場環境に悪い影響を及ぼしますし、経営者の貴重な時間を浪費させるものです。できれば社会保険労務士に作成を依頼し、第三者作成の書類として会社側、スタッフ側が納得して署名捺印や通知を行えばかなりの確率でトラブルを防ぐことができると思います。社会保険労務士との契約がなければ、インターネットでひな形を見つけて使ってもいいですし、書籍を購入してトラブルが起きにくい通知書や契約書を作成して、使ってもらうことをお勧めします。

社会保険や労働保険の手続きは難しくありませんが、経営者が自分自身で手続きを行おうと考えている場合、後回しになる場合があります。税理士としてサポートできないので、もし、クライアントの状態が忙しくてアップアップしているのであれば初めの手続きだけでも社会保険労務士にスポットで依頼するということができることを説明してあげてください。なお、税理士が代理で社会保険業務を受託することはできないのでご注意ください。

採用時健診と36協定の締結ですが、これも後回しにされやすく気づくと1年経っていたということもあります。会社の経営が滞りなく前に進んでいるときは問題にならないのですが、困ったスタッフが出現したときに採用時健診の不実施や36協定の未締結がわかると、この会社は異常、法律違反だと吹いて回ります。会社側には労働手続に一切の不手際がないように労働関係については特に気を引き締めていくことが大事です。

FFS理論というものがあります。初めて耳にする方が大半だと思います。これは、人と人との理想的な組み合わせを見つける理論です。具体的には10分程度の時間でパソコンを使って問題に答えていく一種のSPIテストです。しかし、解答者の個性や性格、ストレス度を測ることができ、タイプ別に診断結果を表示します。面白いのは組み合わせです。良好な結果を生み出す個性の集まりと、そうでない個性の集まりは理論的に判明しているので、すでに就業しているメンバーに加えるとより一層よい成果が生み出せる社員やパートタイマーを採用できればさらに素晴らしいチームとなります。

面接時にこのFFS理論を受講してもらうことで、面接の結果とこのFFS理論の結果を合わせて判断材料にすることができます。少なくとも勘に頼った採用よりもより成功する可能性は高まります。興味を持たれた方はインターネットで調べてみてください。

5　同地域の同業者とのかかわり方

介護事業所は同じ商圏に存在する他の介護事業所とつながりはほとんどありません。例えば、地域には連絡会議や連絡協議会があり、通所介護事業所や訪問介護事業所等に対して行政が中心となって事務連絡を行う場があります。しかし、それは招集がかかったから集まる関わり合いです。もちろん、通所介護事業所と居宅介護支援事業所など介護サービスを提供するうえで必要な関係は構築しますが、通所介護事業所が隣町にある別の通所介護事業所と関わろうとはしませんし、どんな介護サービスを行っているのかさえも知りませんし、知ろうともしません。その結果が井の中の蛙化です。（これは税理士業界でもそうかもしれません。）

そこで、お互いにメリットがある関わり方を提案をします。ずばり研修です。相互にスタッフを交換する研修も良いですし、今月はうちの事業所で行い、来月は向こうの事業所で研修を行うという相互乗り合い研修でもよいです。介護事業所は、利用者である高齢者を奪い合うビジネスではないので、良い介護技術や最先端の情報収集を目的に相互に切磋琢磨できる関係ができればとても素晴らしいと思います。

そしてこの関係は研修だけにはとどまりません。例えば、行政とのやりとりについて、通所事業所間で情報共有できればとても有意義です。特に実地指導についてはどんな視点で今回は指導されたのかわかれば、準備しやすいです。

この他、応募してきたスタッフのことも情報共有できます。意外と世間は狭く、以前働いていた介護事業所の近くでまた職を探します。思考回路は「家から近く」です。自分の事業所では不採用となっても隣の介護事業所に応募するケースがあります。これは私の実体験によるものです。

6 行政機関とのかかわり方

介護事業は行政の許認可事業であることから、行政との関係は波風を立てずに良好な状態をキープが大原則です。とはいっても行政の担当者は人事異動があるので３年もすれば強制的に担当者が変わります。担当者が変わると今までOKとされていた報告書等が急に厳しくなって何度も提出し直しになることもあります。直接の担当者の場合はその理不尽さに対して頭に血が上ってしまいけんか腰になる場合もありますが、その時は、冷静さを取り戻すように諭してください。その報告書が会計関連で税理士に報告書の作成依頼やチェック依頼があって、何度も作り直しになったとしても、こちら側も冷静さが必要です。

地域によっては介護事業所が行政から委託を受けて事業を行う場合があります。例えば、高齢者向けの介護予防体操を受託して毎週日曜日の午前中等に休みのデイサービスのフロアを使って行うことがあります。年間数十万円で受託し、介護事業所の売上になるのですが、単に売上で終わらずに、人件費にいくら使った、紙代や印刷代、飲み物代にいくらかかったと収支報告をさせる場合があります。

これには理由があって、行政は別に介護事業所を儲けさせるつもりはなく、本当に収支トントンにしようと思っています。もし、委託額が高くて介護事業所側に利益が残るようになれば次年度の委託費を下げなければいけません。議会にも説明がつきません。そういう意味では、行政の担当者が報告しやすい報告書の作成が望ましいのです。このような裏側を知っておけば、クライアントの担当者も税理士自身も怒りは収まってきて、「本当にしょうがないですね〜。」という感じで受け流すことができるでしょう。

7 ウェブサイトの立ち上げ

世間一般ではホームページは、あって当たり前の情報です。私たち一般消費者は、テレビや雑誌で情報を得たとしても、必ずインターネットで検索しています。しかし、その常識に介護業界は気づいていません。ホームページのない介護事業所はまだまだたくさんあります。あってもとりあえず作りましたというような、なんの情報もないホームページもあります。

介護事業所を使う高齢者は携帯電話やパソコンを使わないので、ホームページはあっても意味がないでしょうという理屈はわかります。しかし、実際に契約するのは高齢者の家族ですし、介護事業所を紹介するのは担当のケアマネジャーなので、当然にホームページは見られます。忙しいケアマネジャーが新しくできた介護事業所の情報を得るにはホームページが手っ取り早いのは言うまでもありません。

そのほか、求職者向けにもホームページは必要です。特に介護事業所に薦めているのはリクルート専用サイトです。管理者や現場スタッフ等実際に働いている人の顔写真や働く姿を掲載し、なぜここで働いているのかをその人の言葉で掲載することで親近感を持ってもらうことができます。認知症状のある利用者を率先して受け入れているのであれば、ここでそのアピールをすることで検索エンジンにも引っ掛かりやすいですし、直接求職者の心を響かすことだってできます。

クライアントがホームページの作成にお金の観点から渋っていた場合はこう言います。「もし将来、人手が不足して、人材紹介業者に手数料100万円を払うようになるかもしれません。しかし、それはなんの投資にもならずドブにお金を捨てるようなものです。そうではなく、今すべきことは、将来の求職者にもつながる投資であり、求職用の情報発信の窓口を作って継続的に求職者との接点となるリクルート専用ページを作ることです。」

【第3章】

開設から半年の事業所支援

1．法人税ルールや各種制度の概略

❶ 役員報酬のルール

役員報酬は、原則として定期同額給与です。事前確定届出給与は、時期を見て提案します。まず経営者に定期同額給与の考え方を事前に説明しておきます。サラリーマン時代の経験から、給与額が「固定」という意識がありません。また、固定とは理解しつつも、インターネット等の不確かな情報を都合よく信じて、代表取締役であるにも関わらず現場でも働いている自分を使用人兼務役員だと思いこんで残業代を付けてしまう経営者もいます。税理士の常識は通用しません。

特に給与計算を自計化している介護事業所の場合は、税理士に事前の相談なく役員報酬額を変更したり、残業代をつけたり、役員報酬からも雇用保険料を徴収したりする可能性があります。これは悪気があるのではなく、知らないがためにしてしまう行為ですので、初めのうちはこまめに確認しておくことをお勧めします。

また、売上が計画通りに増えず、資金面で不安になるとこっそり役員報酬を下げてしまっていることもあります。国税庁は業績などの悪化により役員給与の額を減額する場合の取り扱いを提示していますが、開設して半年も経たない状況ではまず該当しませんので、きちんと理由を説明して給与計算をやり直してもらってください。

❷ 社会保険の算定基礎届（年度更新）

社会保険の年度更新は毎年７月に行われます。毎年４月から６月に支払われた平均賃金を用いて標準報酬月額を更新するものですが、社会保険労務士が関与していない場合には、経営者に年度更新手続きを頑張ってもらうしかありません。とはいえ、給与計算ソフトにはこの算定基礎届を自動で作成してくれる機能がついている場合があります。ついていれば楽勝です。給与計算を自計化している介護事業所の場合は、その場に付き添って見てあげてください。

給与計算業務を税理士事務所で受託している場合ですが、税理士事務所で使う給与計算ソフトにこの算定基礎届の作成機能がついていないはずはないので、機能を使って印刷の上、あくまで「参考資料」としてクライアントにお見せします。クライアントの手許には、年金事務所から算定基礎届の用紙が届いていますので、参考資料を見ながらの算定基礎届作成はクライアントにおまかせします。ただし、期限は守らなければいけませんので、算定基礎届の入っていた封筒に備忘として、期限を黒マジックで書くなどして確実に伝え、提出してもらいます。なお、税理士資格では、社会保険労務士業務は行えませんので注意してください。

3 労働保険概算・確定保険料／石綿健康被害救済法一般拠出金申告書の作成（年度更新）

労働保険の年度更新は毎年６月１日～７月10日に行われます。給与計算ソフトに労働保険の年度更新機能がついていますので、利用して作成します。給与計算ソフトによっては確定保険料・一般拠出金算定基礎賃金集計表の作成までの機能となっている場合もあります。その時は、厚生労働省がインターネット上で公開している「年度更新申告書計算支援ツール（継続事業用）」を利用します。エクセル形式ですが、入力方法はとても簡単です。入力すればその結果をエクセル形式の申告書として表示してくれます。このエクセル形式の申告書はあくまでイメージなので、このまま提出はできませんが、クライアントの手許にある労働保険の申告書に転記すれば完成します。給与計算を税理士事務所で受託している場合も、年度更新のための申告書作成はクライアントが行います。エクセル形式の申告書を印刷して参考資料としてクライアントに渡すまでとなります。あくまで、社会保険労務士業務は税理士資格では取り扱えないのでご注意ください。

最近では、社会保険や労働保険の手続をクラウド上で一元管理できるアプリが販売されています。そもそも社員の管理は介護事業所側で行わなければいけないので、利便性や価値が見いだせれば、導入を検討してもらって良いと思います。アプリによっては、給与計算ソフトも備わっており、WEBで給与明細を見られたり、年末調整が行えたりと非常に便利なようです。税理士事務所の立場から考えると、法定調書がからんでくるため諸手を挙げて導入とはいかないかもしれませんが、最新のアプリ関係の情報はこまめに収集しておくほうが良いかもしれません。

4 賞与支払い時の届出

社会保険料は賞与からも天引きされます。給与計算ソフトは社会保険料を自動計算してくれるので賞与からの天引き漏れは生じません。問題となるのは、被保険者賞与支払届と総括表の失念です。社会保険加入時の書類には、賞与支払いの有無や支払月を記載する欄があります。もともと賞与の支払いを予定しており、賞与支払い欄の有に○を付けていれば、自動的に年金事務所から賞与支払月になると被保険者賞与支払届等が郵送されてきます。しかし、社会保険加入時には賞与支給は未定ということで賞与支払い欄の無に○をつけていれば、年金事務所からは何の連絡もありません。

このため、社会保険労務士の関与がなければこの届出の失念が生じやすい状況になります。クライアントに事前に説明したとしても、通常業務の中ではすっかり忘れてしまうと思います。最後の砦として、税理士が注意するほかありません。私も失念していて、後から気付いて慌ててクライアントに連絡したことがあります。クライアントは税理士がなんでも注意してくれていて適切なアドバイスをしてくれると思っていますので、社会保険についても専門外とは考えずに注意を払います。実際のところ被保険者賞与支払届等の作成も給与計算ソフトの機能で対応できますので、気を付けるべきことはあくまで提出の失念です。なお、被保険者賞与支払届等の提出期限は、賞与支給日より５日以内です。

5 年末調整業務

年末調整業務は年末最後の一大イベントです。給与計算を自計化していても年末調整は税理士事務所に委託するケースが多いので税理士にとって稼ぎ時です。しかし、高まる気持ちは税理士だけで、クライアントはまったく気にかけていません。対応する件数が増え、作業時期も重なるので効率よくこなしていく必要があります。そこで、事前準備を念入りに進めておく必要があります。

事前準備のスタートは、年末調整で必要となる扶養控除申告書やマイナンバー収集ですが、これはクライアントが行う採用時オリエンテーションの時に収集してもらいます。特に前職の源泉徴収票は、時間が経つと紛失しやすく、再発行にも時間がかかるので最初の回収が肝心です。

さて、年末調整時期が近付く11月初旬に行う事前準備は、社員が期限までに必要書類を提出しやすくするお膳立てです。来年用の扶養控除申告書を配布するだけでは自発的に提出してくれる方はいません。年末調整のことはよくわからなくても、見れば書き方や提出書類がわかりやすい案内文を作成すると良いです。扶養控除申告書の書き方の見本は、国税庁のホームページで入手できます。保険関係などの年末調整の対象となる書類の案内は誘導する形にします。下記は、弊法人で使用している案内文です。扶養控除申告書に添付して配ります。年末調整業務は、必要な書類が期限までに集められれば業務はほぼ終了です。

提出書類チェックリスト

1. 当法人と同時に他法人からの給与所得（主たる給与の場合）がある
はい　→　「乙欄適用申請書」を提出してください。
年末調整はできません。
源泉徴収票の発行のみいたしますので、確定申告をお願いいたします。
いいえ　→　年末調整をいたします。
2.以降を確認し、該当の書類の提出をお願いいたします。

2. 今年入社で、前職がある
はい　→　下記2点を提出してください
・給与所得者の扶養控除等(異動)申告書
・前職の源泉徴収票
いいえ　→　「給与所得者の扶養控除等(異動)申告書」を提出してください

3. 住宅借入金等特別控除がある（2年目以降）
はい　→　下記2点を提出してください
・住宅借入金等特別控除申告書
・住宅取得資金に係る借入金の年末残高等証明書
いいえ　→　提出書類はありません

4. 配偶者の所得が年間123万円以下である
はい　→　「給与所得者の配偶者控除等申告書」を提出してください。
配偶者の氏名、生年月日、所得金額などを必ずご記入ください。
いいえ　→　提出書類はありません

5. 生命保険料・地震保険料・損害保険料を支払っている

はい　→　下記書類を提出してください

・給与所得者の保険料控除申告書

・生命保険料控除証明書

・地震保険料控除証明書

いいえ　→　6.7.をご確認ください。

6. 国民健康保険または国民年金を支払っている

はい　→　下記資料を提出してください。

・国民健康保険料納入通知書または領収書原本

・国民年金保険料控除証明書または領収書原本

いいえ　→　7.をご確認ください。

7.小規模企業共済等掛金を支払っている

はい　→　小規模企業共済等掛金控除証明書を提出してください

いいえ　→　「給与所得者の保険料控除申告書」を氏名及び住所のみ記載し、提出をお願いいたします。

介護事業所で行う年末調整業務のポイントは、年末調整の対象となる人、対象とならない人を的確に区別することです。ここで問題となるのは対象とならない人「乙欄適用者」です。通所介護事業所や訪問介護事業所では仕事を掛け持ちしている方が大勢いらっしゃいます。クライアントの介護事業所での就業は年の途中で従たる勤務先になる場合もありますし、年の途中で主たる勤務先になる場合もあります。就業時間が少ないスタッフについては、提出された書類をそのまま信じるのでなくクライアントに確認します。専門家としてここは厳しい目で対応していく必要があります。

たまに、後から年末調整してほしかったとおっしゃる従業員がいます。書類の意味がわからなかった、聞いていない等を主張されるため、話し合いになりません。そこで私は、クライアントや税理士を守るために、「乙欄適用申請書」という書式を使っています。これは弊法人で作成したオリジナル文章で法的な根拠に基づくものではありませんが、「言った、言わない」の水掛け論を防止するには十分だと考えています。ここまでやっても、何も考えずに、扶養控除申告書と乙欄適用申請書の両方を提出する方もいらっしゃいます。大人の対応をしましょう。なお、年末調整時期になってこの申請書を取り下げたいとの申し出があれば、その年分の扶養控除申告書を提出してもらって対応します。

令和　　年分　乙欄適用申請書

私は、源泉徴収税額表乙欄適用での源泉所得税額を納めることに同意いたします。

年　　月　　日

印

ふりがな	
氏名	
生年月日	昭和・平成　　年　　月　　日
住所	〒

性別	男・女

※この申請書を提出された場合、源泉徴収は乙欄適用者となり、年末調整は行えませんのでご注意ください。

6 法定調書関係業務、償却資産税業務

法定調書関係業務として、税務署への法定調書合計表の提出、各市区町村への給与支払報告書及び償却資産申告書があります。税理士にとって年明けの一大イベントですが、介護事業所にとっては年末調整業務と同様に興味を持ってもらえません。税理士が何か難しいことを言っていると思われないように、正確に業務内容を伝えて受任してください。

クライアントが驚かれるのが償却資産税です。内装設備工事やパソコンにも税金がかかることがわかると怒りだす人さえいます。内装工事の打ち合わせの時に償却資産税のことを説明していても、覚えている人は皆無です。改めて説明は行いますが粛々と進めてください。

7 源泉所得税納付、住民税特別徴収

源泉所得税納付は、法人に義務があることを説明します。サラリーマンだと

勝手に天引きされていたので気付いてなかったかもしれませんが、サラリーマンから経営者になった場合は知っておかなければいけない事項ですので説明します。納付時期は、原則毎月10日納付となり、従業員が10人未満であれば源泉所得税の納期の特例の承認に関する申請を行うことで年２回の納付に減らすことができることを説明します。納期の特例を申請した場合、納付の手間暇が減る一方で、しばらく納付されない源泉所得税が貯まっていきます。お金には色がついていないので、預かっている意識がありません。自由に使えないお金であるので大事にとっておかないといけないと注意してあげてください。毎月の月次試算表を説明する際、預り残高を伝えると意外と意識が高まります。

源泉所得税の納付は、クライアントに金融機関に出向いて支払ってもらっても良いですが、e-Taxを使って電子納税するほうが時間や労力が省けるのでクライアントの同意が得られれば極力電子納税を進めます。電子納税は、税理士事務所が代理で手続きをします。

次に住民税です。法人が社員や従業員を雇用している場合は、住民税を集めて代わりに市区町村へ納付する特別徴収義務があります。創業・開業の時期や採用した社員の前職の有無によって対応が異なり、意外と手間がかかります。その反面、住民税は賦課課税であることから税理士もあまり気に留めていないと思います。そうは言っても対応しないわけにはいきません。

クライアントには、法人は住民税の特別徴収義務があり、転職組の住民税については、給与から天引きして本人に代わって納める必要があることを説明します。その場合、普通徴収から特別徴収への切り替え、前職からの特別徴収の引継ぎについて市区町村ごとに書類があるので、書類を作成して提出する必要があると併せて説明します。実際にはその書類は、法人印だけ押せば済むように税理士が書類を作成してあげます。

最近は、eL TAX（エルタックス）を使って、住民税が支払えるようになりました。このeL TAXでは、ほかに給与支払報告・特別徴収に関わる給与所得者異動届出や普通徴収から特別徴収への切り替え申請もできます。住民税の納付は、市区町村ごとに納付書があって金融機関の窓口で払うのも四苦八苦、手続き書類も記載内容が多くて大変と思う方が大半だと思いますので、e-TaxとともにeL TAXを使いこなして、業務効率を図りましょう。

8 法人決算、申告業務

創業して開業準備を行い、開業に至ってからしばらく介護サービスを提供しているとあっという間に決算になります。１年目の開業準備期間は売上がなく、開業後も稼働率が低いので売上が少ないことからよほどのことがない限り黒字にはなりません。そのため節税の相談はありませんが、私の場合、できれば２年目は黒字決算としたいので、経費（損金）は１年目に寄せたいと考えています。特に２店舗目を視野に入れている場合は、融資は避けて通れないので、融資を受けやすくする黒字化は必須だと思います。クライアントの理解が必要ですので、きちんと説明します。

費用の前倒しは、法律に基づいた項目に限ります。主な費用の前倒しは固定資産です。一括償却資産や少額減価償却資産として経費処理の前倒しを検討します。そのほか保守料や保険料等の短期前払費用も状況によって検討します。

初年度決算が赤字になれば、納付する税金は法人住民税の均等割だけとなります。クライアントは赤字でも納める税金があるとびっくりされることが多いです。申告期限までに納付する必要がある旨を伝えて納付をお願いしましょう。

9 福祉サービス第三者評価制度の活用

福祉サービス第三者評価制度は初めて見聞きする税理士が多数だと思います。この評価制度の目的は、外部からはわかりにくい介護事業等のサービスを独立した外部機関が統一された指標に基づいて評価して公表することで、介護事業所選びをする際の目安にしてもらうものです。また、外部向けのPRとともに内部関係者への改善項目として役立たせることができます。この福祉サービス第三者評価制度を受審するには外部機関の審査員が１か月ほど時間をかけて調査します。介護事業所にとって大きな負担になります。

評価結果は、独立行政法人福祉医療機構のホームページで誰でも閲覧できるほか、都道府県でも独自に福祉サービス第三者評価制度の結果を公表しています。受審した介護事業所には、受審済というシールが配られ、事業所の玄関近くに貼り付けられていることが多いです。受審費用は有料となっていて、介護サービスの種類や利用者数によって費用が変わります。毎年の受審が理想ですが、毎年同じ外部機関を使ってしまっては評価が甘くなってしまうので、毎年異なる外部機関を使うことが一般的です。

さて、時間もお金も労力もかかる評価はPRとなるとはいえ、介護事業所は及び腰になります。しかし、社会福祉法第78条で自己評価が努力義務となっていますのでできる限り受審することが望ましいです。なお、社会的養護施設（児童養護施設・乳児院・母子生活支援施設・情緒障害児短期治療施設・児童自立支援施設）は平成24年度から３年に１度の受審が義務化されています。

下記は、東京都の評価結果公表の例です。

【とうきょうと福祉ナビゲーション　福祉サービス第三者評価の一例】

利用者調査結果

調査概要

- **調査対象：** 事業所と協議し、コミュニケーション能力に支障がなく意向などを確認できる12名を選定しました。内訳は、要介護度3が3名、要介護度4が5名、要介護度5が4名でした。
- **調査方法：** 聞き取り方式
  調査員が利用者の居室等で聞き取り調査を実施しました。時間は１人あたり30分程度でした。
- 利用者総数： 60人
- 共通評価項目による調査対象者数： 12人
- 共通評価項目による調査の有効回答者数： 12人
- 利用者総数に対する回答者割合（%）： 20.0%
- 調査項目： 共通評価項目

有効回答者数/利用者総数
12/60

1. 食事の献立や食事介助など食事に満足しているか	はい 100%
2. 日常生活で必要な介助を受けているか	はい 92% □どちらともいえない：0%　□いいえ：8%　■無回答・非該当：0%
3. 施設の生活はくつろげるか	はい 75%　どちらともいえない 17% □いいえ：8%　■無回答・非該当：0%
4. 職員は日常的に、健康状態を気にかけているか	はい 75% □どちらともいえない：8%　□いいえ：8%　■無回答・非該当：8%

2. 予算と実績の確認

1 集客状況・利用状況・平均要介護度

介護事業は、サービスを利用される利用者がいらっしゃれば売上が上がります。利用者数が増えれば売上も増えるので、毎日満員御礼であれば見込んだ売上が上がっていると実感できます。ところが開業間もなくはスタッフの慣れの問題、オペレーションの問題からすぐに定員いっぱいにはしません。定員に対して実際に利用する人数を割合にして、介護事業ではよく稼働率という言葉を使います。どの介護サービスでも、３か月で50%、半年で80%まで上がれば上出来です。

【通所介護（定員25名／日）の例】

	4月	5月	6月	7月	8月	9月	10月
営業日数	22	21	22	23	21	22	23
定員数	550	525	550	575	525	550	575
登録者数	10	20	30	40	50	55	55
利用者数	100	200	300	400	500	550	550
稼働率	18.18%	38.10%	54.55%	69.57%	95.24%	100.00%	95.65%

※一人の利用者が平均して月に10回利用するという前提で、毎月新規に10人登録者数が増えた場合のシミュレーションです。

介護サービスを利用される方は高齢者となり、サービスによって65歳を過ぎた高齢者が多い訪問介護や通所介護、80歳を超える高齢者の利用が多い特別養護老人ホーム等サービスの種類によって特色があります。しかし、共通しているのは利用者が死亡や入院で減るケースがあるということです。がんばって利用者が増えて稼働率が上がってきたと喜んでいられるのは束の間で、夏の時期、冬の時期は高齢者にとって体への負担が大きく、体調不良を訴える方が多く利用回数が確実に減ります。10人新規で利用者が増えても10人利用終了となるケースのように、頑張っても現状維持が精いっぱいとなることなどざらです。

そのため、常に営業が必要です。営業方法は、主に居宅介護支援事業所への空き情報の連絡となりますが、地域によっては医療機関や介護老人施設、薬局等も営業の対象となります。そうは言っても、営業が苦手な方が多いのが介護業界です。介護保険制度が始まったころは、待っていればいくらでも利用者が増えたので胡坐をかいていてもよかった時期がありましたが、現在は営業や情報発信を行っていないと利用者は見向きもしてくれません。

せっかく作った事業計画書ですし、計画に沿って行動していかなければ決算を笑顔で迎えることはできませんので、毎月の訪問時には必ず稼働率をチェックして未達であればはっぱをかけてください。

2 リアルな損益分岐点チェック

損益計算の試算表を作成することで理想の損益分岐点は判明しますが、実際に事業がスタートすると損益分岐点は異なることに気が付きます。特に人件費です。送迎が必要な通所介護事業では、思いのほか利用者の自宅がばらばらで送迎に時間がとられるため、送迎要員を増加させねばならないことがあります。給与が増え、残業が増え、法定福利費が増えていくので損益分岐点は上がる一方です。

また、固定費が増える場合もあります。BGMの契約やカラオケ機器のリース、雑誌や新聞の購読等の費用を些細な出費と考えてしまい、クライアントが何気なく契約している場合があります。知らぬうちに利益が出しにくい経営体質になってしまう場合もありますので、できる限り新たな契約については事前相談してもらえるような関係作りを心掛けます。

3 資金繰り見込み確認

資金繰りは、キャッシュフロー試算表で事前に見込みを立てていますが、売上が増えていない、人件費が増えている、計画になかった支出が追加された等があるとすぐに見込みが変わります。特に開業後のスタートダッシュ、つまり、利用者の獲得がうまくいかないとその遅れた影響は、資金繰りが改善すると予想していた時期にも影響を及ぼします。私の今までの経験で、稼働率の達成が遅れた分をその後の月で取り戻せた例はありません。現場職員の新規受け入れ人数には限界があるので、無理ができないからです。

そこで、税理士としては、その影響をキャッシュフロー表に追加して今後の試算をします。当初の事業計画書作成段階でのキャッシュフロー見込みで最も資金が少なくなる時期を想定していたはずです。その時期の到来が早まるのか、資金がどこまで減るのかを試算してクライアントに説明します。追加融資や役員からの借入等早めの手当を考えておくことで慌てずに済みます。

4 新たな加算の可能性

介護保険サービスには多くの加算報酬が設定されています。事前に検討して加算の取得を申請していますが、半年に１度は新たな加算が取得できるのか見直しておくべきだと思います。例えば、通所介護事業にあるサービス提供体制強化加算ですが、いくつかの段階に分かれています（46ページ）。対象となる介護福祉士の数によって得られる報酬が異なります。介護職員の総数のうちに介護福祉士が50%以上となっていたら最も高いサービス提供体制強化加算（Ⅰ）イを取得できます。

そのほか、生活機能向上連携加算というものがあります。これは外部から理学療法士等に定期訪問を依頼して機能訓練のマネジメントを行った場合に取得できる加算です。開業後には想定できなくても、徐々に地域との連携がとれるようになって近所の通所リハビリテーション事業所と契約をして派遣してもらえることもあるでしょう。状況は刻一刻と変わっています。現状維持という考え方ではなくいつも攻める姿勢は、実は介護事業所にとっても大切なことです。

3. 具体的サポート

■ 毎月訪問型の経営戦略会議

通常業務として定期訪問を行う税理士は多いと思います。前月の試算表を見ながら打ち合わせをします。介護事業は、毎月10日頃に国保連へ請求を行うため、売上の確定はどうしても翌月にずれ込みます。末締め翌月末払いとなる給与計算や仕入業者等からの請求書の到達を待つと最短でも試算表の完成は15日～20日頃です。クライアント訪問は20日～25日が一般的となります。

さて、打ち合わせでは、当月の売上や販管費、利益を確認し、併せて期首からの各項目の推移を見ます。売上は稼働率と直結しており、クライアントは国保連に請求するときに請求額を見ているので、知っています。一方で人件費やそのほかの経費は集計してみないとわかりませんので、利益が残っていなかった時、思いのほか赤字になっている時はげんなりする経営者も少なくありません。その時は今後の稼働率向上に向けて鼓舞していきます。

稼働率向上は、営業と密接な問題です。最初に行うことは利用見込者を増やすことです。具体的には、問い合わせ数、見学数、待機者のことを言います。問い合わせは文字通りの問い合わせで、「空きがあるのか」、「どんなサービスを提供しているのか」、「見学は受け入れているのか」、「看護師は常駐か」等電話での対応となります。問い合わせが多ければ、見学につながる確率が増えます。見学は、ケアマネジャーと利用者家族、場合によっては利用予定者本人も見学にいらっしゃいます。ここで雰囲気が良ければ来月から利用しようかという流れになります。待機は、利用する予定でいながら、何らかの理由で待っている状態です。例えば来月退院見込みであるとか、気持ちの整理がつかずとかいろいろです。急いで利用してもらっても長続きしなければ意味がないので、心は焦っても顔には出さないようにしなければいけません。

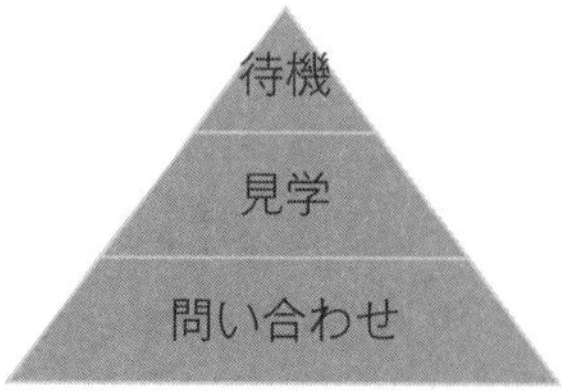

この三角形を使うと説明がしやすくクライアントも理解が深まります。

半年も経てば、決算見込みや納税のことが気になります。実績に予算を結合させて、おおよその売上、経費、利益や税金について経営者に伝えておくと、もう少し頑張らないといけないですね、と自分で自分自身を奮い立たせます。やはり、経営者は独立しただけあって、エンジンがかかります。きっかけとなる現在の立ち位置や目標を明らかにすることはとても大事な仕事です。

従業員の状況についても毎回確認しましょう。従業員定着こそが介護事業の成功の鍵です。従業員が定着すれば介護サービスの質は向上し、利用者やその家族、ケアマネジャーや行政の評価は高まります。逆にしょっちゅう入退職があると、あそこの事業所はいつも人が入れ替わっていると悪い評判が立ってしまいます。介護事業所の離職理由のトップは人間関係です。離職が続く場合は、離職理由が明らかでない場合を除いて人間関係が原因でなはいかと疑ってかかるべきです。

【男女で異なるやめた理由（労働者調査）】

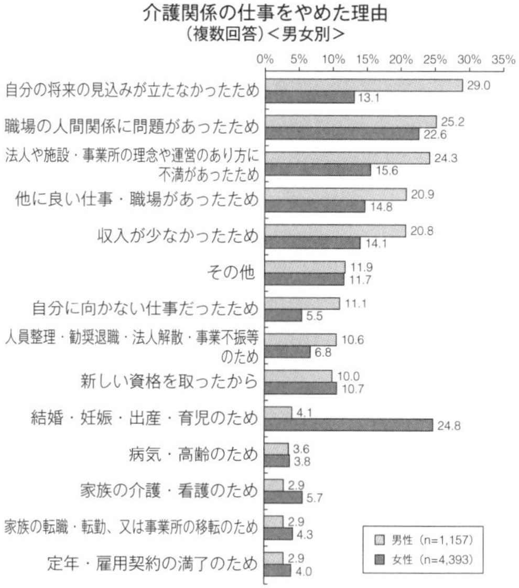

介護関係の仕事をやめた理由については、「職場での人間関係に問題があったため」が全体では上位となるものの、男女別で比較した場合、男性では「自分の将来に見込みが立たなかったため」が最も高く、女性では「結婚・妊娠・出産・育児のため」が最も高かった。

男性の将来設計となるキャリアパス制度の構築や処遇改善、女性の職場復帰できる制度や職場環境づくりが労働者の離職防止に重要となる。

（出典：公益財団法人介護労働安定センター　介護労働の現状について（令和元年度介護労働実態調査の結果と特徴））

そこで、経営者には社員や従業員への面談を実施してもらいます。普段忙しくて経営者と話ができない状況が続くと現場と経営者の考え方に乖離が生じていきがちです。半年に１度は面談の場を作って30分ほどで良いので対話する時間を作ってもらってください。きっと良いガス抜きになるはずです。そのほか、建物や設備の不具合、自動車の運行状況等税理士から何気なく聞いてあげると、「そう言えば……」と経営者が普段気になっていることがふと口に出ることがあります。経営者の相談相手は税理士ですので、毎月の打合せは、面談の時間とも考えてじっくり対話してみてください。

【第4章】

介護事業所で起こる税務問題

1．国税

1　源泉所得税

介護事業所に勤める従業員は、正社員が少なく、パートタイムやアルバイトを多く採用しているケースが多く見受けられます。パートタイムやアルバイトは、より多くの収入を得るために複数の事業所を掛け持ちして働くこととなります。そこで、源泉徴収事務の観点からクライアントの事業所が主たる勤務先か従たる勤務先かを採用時面接のときに確認する必要があります。確認後に扶養控除申告書が提出されればそれを信じて対応するほかありません。

しかし、扶養控除申告書は１か所の就業先にしか提出できないことをご存知ない方も多く、就業先から書くように言われたからと、そのたびに書く方も実際にいらっしゃいます。せっかく税理士が関与しているのですから、正しい源泉徴収事務を行いたいところです。クライアントには、採用時オリエンテーション時に、２か所提出になっていないか、クライアントの事業所を主たる勤務先に変える場合は、既提出先に乙欄適用にする旨を伝えてもらうように説明してもらいましょう。

2　お車代？

お車代という言葉をご存知でしょうか。結婚式や葬儀の時に遠方から参加してくれた方にお金を出す習慣があります。これをお車代と言います。このお車代という言葉を介護事業所ではよく使います。

ケースとしては、ボランティアが講演や踊り、演奏、手芸等を高齢者向けに行った場合にお車代を渡します。相場は3,000円～10,000円です。講演等のパフォーマンス自体はボランティアですが、施設までの往復交通費を介護事業所が負担することがよくあります。わざわざ越県して来所される方もいれば介護事業所のすぐ近くに住んでいる方の場合もありますが、距離と金額には相関関係はありません。どちらかというとパフォーマンスの内容に比例します。

ここで所得税法第204条の対象ではないかと思った方は正解です。講演は所得税法第204条に掲げる報酬・料金等のうち「講演の報酬・料金」に該当するため源泉徴収が必要です。踊りや演奏は「芸能人の役務の提供を内容とする事業を行う者のその役務提供に関する報酬・料金」に該当するため源泉徴収が必要です。お花やお茶等を善意で高齢者に対して教えていただく場合も、「技芸、スポーツ、知識等の教授・指導料」に該当するため源泉徴収が必要です。介護事業所は本当に交通費のつもりで支払っているので、そこは違うと税理士がしっかりと指導しなくてはいけません。

なお、フラダンスやベリーダンス等の踊りや太鼓や大正琴等の演奏は複数人で行われます。そのグループに○○の会という名称がついている場合があります。この場合は、その団体が定款や規約、日常の活動状況からみて個人の単なる集合体ではなく団体として独立して存在している場合は、源泉徴収が不要になります。私のクライアントでも音楽療法として毎月演奏をしてくださる２人組がいらっしゃったのですが、よく調べてみると実はＮＰＯ法人から派遣されていたことがわかりました。慌てて、源泉徴収不要と連絡したケースがあります。

このお車代はキリが良い金額で支払われます。そこで源泉徴収を行う場合、総報酬額はボトムアップで計算します。例えば、10,000円を相手に渡す場合の実際のお車代は10,000円＋源泉所得税1,137円の合計11,137円となります。必要のない源泉徴収が行われないように、お車代の支払先をきちんと確認しておくようにしましょう。

3　消費税

介護事業を消費税非課税事業と考える税理士は驚くほどたくさんいます。実際に介護事業で一部分に消費税課税取引があった場合でも、年間の課税売上が1,000万円に満たないケースが多く、結果的に免税事業者となる場合は確かによくあります。事業所の屋根にソーラー発電や社員向けに自動販売機が設置していたとしても、売上はなかなか1,000万円には届きません。ところが、入所系サービスを行っている場合はうっかりミスが起こりやすいので注意が必要です。

入所系サービスのうち、介護療養型医療施設（介護医療院）、介護老人保健施設、介護老人福祉施設は介護保険３施設と呼ばれる代表的な介護施設です。さらに、認知症の方が共同で生活するグループホームも入所施設です。そのほか、有料老人ホームやサービス付き高齢者住宅とたくさんの種類の入所施設があります。高齢者が入所、つまり住んでいるので、食事を提供しないわけにはいきません。介護保険３施設とグループホームは介護度が特に高く、認知症状がある方も多いことから、必ず食事の提供が行われます。これらの入所施設が提供する食事代は消費税非課税取引となります。

一方で、有料老人ホームとサービス付き高齢者住宅は、必ずしも食事を提供するわけではありません。介護を必要としない高齢者も多く入所するため、自炊する場合や外食する場合、店屋物をとる場合もあります。また、訪問介護サービスを使って食事を作ってもらう場合があります。このように自分自身で食事を準備する場合は、消費税は関係ありません。しかし、有料老人ホームやサービス付き高齢者住宅ではレストランを開設する場合や、家庭のように食事を提供しているケースがあります。もし、有料老人ホームやサービス付き高齢者住宅がレストランや共同スペースで食事を提供している場合は、消費税課税取引となります。同じ入所系サービスであっても、介護サービスの種類によって消費税課税が真逆の結果となりますので、有料老人ホームやサービス付き高齢者住宅をクライアントに持った場合は実際に事業所内の食事提供状況を見ておく必要があります。

さらに、もう１つ食事提供で気を付けなければいけない点があります。有料老人ホームやサービス付き高齢者住宅で提供する食事は、原則課税10%となります。ただし、一定の要件を満たす場合に限って軽減税率の８%が適用されます。要件は２つです。①１食につき640円以下であること、②１日の食費の累計額が1,920円以下であることです。なんとも理解し難い条件ですが、表にまとめると下記の通りとなります。

【有料老人ホームにおける軽減税率の扱いについて】

○有料老人ホームについては、下記の要件をいずれも満たす食費が軽減税率の対象となる

■１食につき640円以下であるもの

640円を超える食事については、軽減税率の対象とはならない

例　640円　→　8%

　　650円　→　10%

■１日の食費の累計額が1,920円に達するまでのもの

１日の食費の累計額が1,920円を超える場合、超えた食事については軽減税率の対象とはならない。ただし、書面により累計額の計算の対象となる食事を明らかにしている場合は、その方法による。

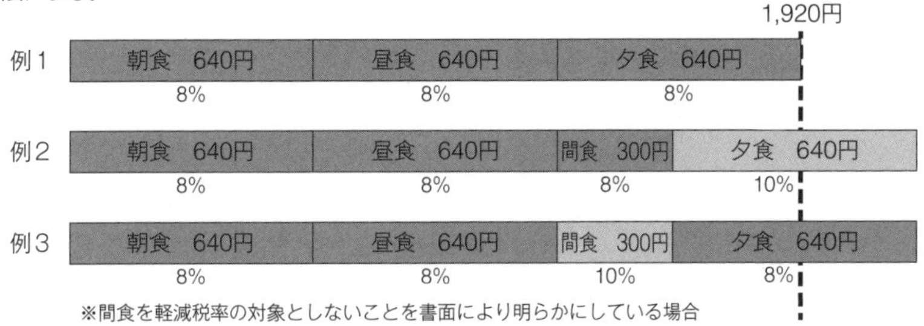

※間食を軽減税率の対象としないことを書面により明らかにしている場合

（出典：厚生労働省老健局高齢者支援課と国土交通省住宅局安心居住推進課が平成30年11月6日に発出した事務連絡の別紙２有料老人ホーム等における制度の概要と関係法令）

クライアントによっては、１食当たりの単価を出さずに１日〇〇円、１か月〇〇万円としているケースがありますが、この場合だと原則課税10%となってしまいます。

次に注意しなければいけないのは、介護用品＝消費税非課税ではないということです。消費税の非課税取引は限定列挙です。非課税取引は、消費税法第６条に規定される別表第一に掲げられているものに限ります。別表第一の第７に掲げられる規定は、介護保険サービスの提供は非課税であるということです。身の回り品とされる日常生活用品の譲渡と貸付も非課税です。ただし、介護保険サービスに含まれる譲渡及び貸付の中で気を付けなければいけないサービスがあります。

介護保険サービスには、（予防）福祉用具貸与と（予防）特定福祉用具販売という生活環境を整えるサービスがあります。この介護保険サービスが扱う福祉用具には、介護用品であり身体障害者用物品であるものと介護用品であり身

体障害者用物品でないものが混在します。介護用品＝身体障害者物品となる場合は、消費税非課税となります。具体的な例は、車椅子や歩行器、歩行補助杖、特殊寝台です。初めてこの介護保険サービスの経理をする場合は、仕入業者の請求書に記載された消費税を確認すると良いでしょう。詳しくは、平成３年６月７日厚生省告示第130号「消費税法施行令第14条の４の規定に基づき厚生労働大臣が指定する身体障害者用物品及びその修理を定める件」に記載されています。

上記のほかに、消費税課税の介護保険サービスがあります。住みなれた自宅で生活が続けられるようにするための住宅改修サービスです。具体的には、手すりの取り付けやバリアフリー工事です。１つの住宅につき改修費用20万円までが限度となり、うち９割の18万円が償還払いで高齢者にお金が戻ります。施工業者が毎月５件程度の工事を受注していれば、年間の売上が1,000万円を超える計算となります。ここも注意すべきポイントです。

最後に消費税で気を付けたいポイントは居宅介護支援事業所です。居宅介護支援事業所が行うケアプラン作成は、国保連に請求する介護報酬ですので当然に消費税非課税取引となります。ところが、地域包括支援センターから介護予防ケアプランの作成を受託した場合は、消費税課税取引となります。なお、地域包括支援センター自身が介護予防ケアプランを作成した場合は、消費税非課税取引です。居宅介護支援事業所の売上は、介護予防ケアプランの作成を受託したという受託売上です。居宅介護支援事業所はこのほか、市区町村から認定調査を受託することもありますが、この売上も受託売上となり消費税課税取引となります。

笑い話ですが、ある介護事業所（経営者個人所有のビル）の屋根に携帯電話の基地局が設置されていることがわかりました。しかし、基地局としての賃料収入は介護事業所の通帳には記帳されていなかったので全く気付いていませんでした。私はかなり焦り、経営者に基地局アンテナの真相を聞きました。その結果個人で契約していることがわかり、きちんと個人で所得税申告していると話しをしてくださいました。顧問契約の際は、屋上から地下まできちんと拝見させていただくことが重要ですね。

(参考) 介護保険に関する消費税の取り扱い

昭和63年12月30日	国税庁	消費税施行令　居宅サービスの範囲等　第14条の２
平成７年12月25日	国税庁	消費税基本通達　介護保険関係の非課税の範囲６－７－１～６－７－５
平成12年２月10日	大蔵省告示第27号	消費税法施行令第14条の２第１項、第２項及び第３項の規定に基づき、消費税法施行令第14条の２第１項、第２項及び第３項に規定する財務大臣が指定する資産の譲渡等を定める件
平成12年２月28日	厚生省　老振第13号	有料老人ホームにおける特定施設入所者生活介護に係る消費税の取扱いについて
平成12年３月30日	厚生省告知第126号	消費税法施行令第14条の２第３項第11号の規定に基づき厚生労働大臣が指定する資産の譲渡等
平成12年３月30日	厚生省老人保健福祉局企画課長通知　老企第54号	通所介護等における日常生活に要する費用の取扱いについて
平成12年８月９日	厚生省老人保健福祉局事務連絡	介護保険法の施行に伴う消費税の取扱について
平成18年３月31日	厚生労働省告知第311号	消費税法施行令第14条の３第５号の規定に基づき厚生労働大臣が指定する資産の譲渡等
平成24年３月31日	厚生労働省告示第307号	消費税法施行令第14条の２第３項第12号の規定に基づき厚生労働大臣が指定する資産の譲渡

4 法人税

(1) 事業譲渡における注意事項

介護保険制度は、創設以後20年が経過しました。介護事業所を創業した経営者が40代であれば現在は60代になっています。これは１つの過渡期であり、世代交代が始まっていてもおかしくはありません。世代交代の方法としては、一族での継承であれば株式の承継が問題となります。しかし、介護保険制度改正への対応に疲れてしまって、子供には継がせたくないと思う経営者もいらっしゃいます。その場合は一代で築いた事業をこのまま終わりとするケースもありますが、事業譲渡を選択するケースもあります。

事業譲渡先として同じ介護保険事業を行う法人に買収されることが多いようです。その場合に注意することは、グループ法人税制です。これまで小規模であったことから、中小企業向け特例措置が利用できましたが、買収先が資本金の額等が５億円以上の大法人である場合に完全支配関係がある法人については、法人の資本金の額等が１意円以下であっても、中小企業向け特例措置の適用を受けることができません。

主に影響を受ける項目は下記の通りです。

・法人税の軽減税率

・特定同族会社の特別税率の不適用

・交際費等の損金算入の特例

・貸倒引当金の法定繰入率

・欠損金の繰戻しによる還付

⑵ 助成金等の計上時期

その他の法人税の問題として助成金等の計上時期の問題があります。2020年に新型コロナウイルス感染症による経営悪化した企業を救済すべく新設された持続化給付金、家賃支援給付金、雇用調整助成金、特別利子補給金には取り扱いに注意が必要です。

まず、持続化給付金は、決算までに給付決定がない又は申請手続をしていない場合は、収益計上は不要です。一方で家賃支援給付金は法人税基本通達２－１－42（法令に基づき交付を受ける給付金等の帰属の時期）により、給付の原因となった休業、就業、職業訓練等の事実があった日の属する事業年度で収益計上します。決算期をまたぐ場合、後者の助成金は見積計上となりますので決算処理を行ってください。

さて、雇用調整助成金については、当初は法人税基本通達２－１－42の解釈によって処理されるべきものと考えられてきましたが、その取扱いが明らかになりました。国税庁が公表した「国税における新型コロナウイルス感染症拡大防止への対応と申告や納税などの当面の税務上の取扱いに関するＦＡＱ」問７「法人が交付を受ける助成金等の収益計上時期の取扱い〔令和３年２月26日追加〕」によると、休業手当について雇用調整助成金を受けるにあたっては、新型コロナウイルス感染症に伴う特例措置により事前の休業等計画届の提出は不要となっていることから、雇用調整助成金の収益計上時期は、原則どおり、交付決定日の属する事業年度となるとされています。

最後に新型コロナ特別利子補給金についての取り扱いです。この補給金は、事前に最長３年分の利子相当額の交付を受けるものです。交付決定日の属する事業年度で収益計上したいところですが「国税における新型コロナウイルス感染症拡大防止への対応と申告や納税などの当面の税務上の取扱いに関するＦＡＱ」問７－２「新型コロナウイルス感染症特別利子補給制度に係る利子補給金の収益計上時期〔令和３年２月26日追加〕」により、取り扱いが明らかになりました。結論として、新型コロナウイルス感染症特別利子補給制度に係る利子補給金の収益計上時期については、対象となる融資に係る支払利子の発生に合わせて、その発生する支払利子相当額を収益の額として計上することとなります。

2. 地方税

❶ 固定資産税が非課税となる取り扱い

地方税法第348条では固定資産税の非課税の範囲を限定列挙しています。具体的には、地方税法第348条第２項第10号の５、第10号の７、第10号の９が介護保険事業に関連している項です。

> 十の五 社会福祉法人その他政令で定める者が老人福祉法第５条の３に規定する老人福祉施設の用に供する固定資産で政令で定めるもの

老人福祉法第５条の３に規定する老人福祉施設とは、老人デイサービスセンター、老人短期入所施設、養護老人ホーム、特別養護老人ホーム、軽費老人ホーム、老人福祉センター及び老人介護支援センターをいいます。社会福祉法人が上記の施設を設置した場合、その施設に係る固定資産は固定資産税が非課税となります。

> 十の七 第10号から前号までに掲げる固定資産のほか、社会福祉法人その他政令で定める者が社会福祉法第２条第１項に規定する社会福祉事業（同条第３項第１号の２に掲げる事業を除く。）の用に供する固定資産で政令で定めるもの

社会福祉法第２条第１項に規定する社会福祉事業とは、第一種社会福祉事業及び第二種社会福祉事業をいいます。第一種社会福祉事業及び第二種社会福祉事業には数多くの事業があるため、介護保険に関係する事業のみを抜粋しますと、第一種社会福祉事業は、養護老人ホーム、特別養護老人ホーム又は軽費老人ホームを経営する事業となります。第二種社会福祉事業は、老人居宅介護等事業、老人デイサービス事業、老人短期入所事業、小規模多機能型居宅介護事業、認知症対応型老人共同生活援助事業又は複合型サービス福祉事業及び同法に規定する老人デイサービスセンター、老人短期入所施設、老人福祉センター又は老人介護支援センターを経営する事業となります。社会福祉法人が上記の事業を行う場合、その事業に使用される固定資産は固定資産税が非課税となります。

十の九　介護保険法第115条の47第1項の規定により市町村から同法第115条の46第1項に規定する包括的支援事業の委託を受けた者が当該事業の用に供する固定資産

介護保険法第115条の46第１項に規定する包括的支援事業とは、第一号介護予防支援事業と介護予防・日常生活支援総合事業、そのほか市町村から高齢者が地域において自立した日常生活を営むことができるよう支援する事業を言います。この包括的支援事業に使用される固定資産は固定資産税が非課税となります。

2　自動車取得税・自動車税・軽自動車税の減免について

地方自治体や市区町村では、自動車税の減免制度を設けています。例えば東京都では、自動車税公益減免制度を設けています。対象は限られていて、第一種社会福祉事業を行う社会福祉法人のほか一定の福祉サービスを行う特定非営利活動法人、公益社団法人及び公益財団法人（特例民法法人を含む）となります。

【東京都　自動車税公益減免制度】

1　減免対象事業
(1)　第一種社会福祉事業（ただし、社会福祉法第62条の施設に限ります。）
(2)　療養介護
(3)　生活介護
(4)　自立訓練（機能訓練・生活訓練）
(5)　就労移行支援
(6)　就労継続支援（A型、B型）
(7)　地域活動支援センター
(8)　児童発達支援
(9)　医療型児童発達支援
(10)　放課後等デイサービス

2　減免の対象となる主体
(1)　１の(1)については、社会福祉法人
(2)　１の(2)から(10)については、社会福祉法人、特定非営利活動法人、公益社団法

人及び公益財団法人（特例民法法人を含む）

3　減免対象となる自動車の用途
利用者の移送又は利用者に対する供給物品の輸送に専用していること

上記の減免は申請期限があります。初めて福祉車両を取得した場合は登録（取得）の日から１か月以内です。なお、この減免申請は毎年行う必要があります。申請期間は、４月１日から５月31日までです。何年か繰り返しているうちに担当者が変わると失念することがあります。クライアント先で減免申請を失念してしまって自動車税を納めていることがわかったことがありました。私も失念しており、申し訳ありませんと謝罪しました。

軽自動車の福祉車両は、市区町村が窓口になります。東京都のように減免制度を設けている市区町村があります。クライアントが福祉車両を購入する場合には都道府県や市区町村のホームページで福祉車両について減免制度を設けているかどうか調べておくと良いでしょう。

【第5章】

助成金の活用

1　助成金の活用

近年、助成金ビジネスが盛り上がりを見せています。特に士業やコンサルティング会社では大きなビジネスチャンスになっているようです。私のクライアントにも電話やFAXで助成金の宣伝が来ています。私が対応できない助成金であれば、外部専門家の提案を受けて助成金を利用することについて異議はありません。特に、クライアントが乗り気であったら引き留めません。ただし、助成金ビジネスの報酬は成功報酬が一般的です。着手金がある場合や成功報酬のパーセンテージがあまりにも高い場合は他の業者も比較検討してくださいと申し上げます。

助成金のうちハローワーク系は、キャリアアップ助成金、トライアル雇用助成金、人材確保等支援助成金（介護福祉機器助成コース）等があります。行政系では働き方改革助成金（東京都）等、経済産業省系ではIT導入補助金等があります。助成金はもらえること自体はうれしいことですが、会計上は雑収入として取り扱います。決算で利益が出れば法人税が課税されます。クライアントは税金を払うとは夢にも思っていません。例えば、以前コンサルティング会社のプレゼン資料を拝見する機会がありました。クライアント曰く、コンサルティング会社から助成金は非課税と説明を受けたとのことでした。鼻息荒くどんどん補助金を申請したいと乗り気でした。私は非課税のはずはないと思いよく見たところ、カッコ書きで小さく消費税と記載されていたことがありました。業者によっては、税金の説明を丁寧にしていないことがあります。税理士として、クライアントへ助成金や補助金は法人税の課税対象であることを強く印象付けておく必要あります。

2　赤い羽根共同募金等

民間団体による善意の助成金が介護事業所や福祉事業所に向けて用意されています。例えば以下のような民間団体です。

- ・社会福祉法人中央共同募金会（東京都共同募金会）赤い羽根共同募金
- ・公益財団法人中央競馬馬主社会福祉財団　中央競馬馬主社会福祉財団助成事業
- ・公益財団法人日本財団　福祉車両助成

・社会福祉法人丸紅基金　社会福祉助成金　等

全国規模での募集や地域限定の募集等特徴があります。民間団体の助成金は社会福祉法人や非営利法人向けが多いのですが、中には民間事業者も対象としているものも少なくありません。

助成金は毎年応募ができます。応募が殺到してしまい助成決定の確率は低いですが、チャレンジしてみる価値はあります。応募書類は、要綱を見ながらクライアント自身で作成して応募していただく形となります。以前、私自身が社会福祉法人に在籍していた時に公益財団法人日本財団の福祉車両助成に応募して、助成の決定を受けたことがあります。書類の作成は難しいものではありません。どちらかというと「助成していただけたら私たちの介護事業所はこんなにハッピーになります」という作文の意味合いが強いものです。ここは税理士の出番ではなくクライアントに意気込みを加えた書類を作成してもらいます。

3　IT導入補助金

IT補助金はサービス等生産性向上IT導入支援事業として、多くの産業で利用されています。介護業界はITの導入が遅れています。ぜひ積極的に活用したい補助金です。介護業界は未来に向けてアナログからデジタルへ、手作業からオートメーションへ変わらなければいけません。

ところで、介護サービスは人が提供するサービスです。担い手はティーンエイジから80代までの老若男女、国籍は多国籍に及びます。さらにシフト勤務や直行直帰で顔を合わせないことも多々あります。この良い意味でのダイバーシティがパソコンやタブレットの導入を妨げる原因でした。例えば、導入前に自分には理解できないと決めつけてしまうITアレルギー症候群、講習を開こうにも忙しくて出席できないという言い張る反IT勢力、年齢が年齢だけに私には関係ないと聞く耳を持たない方々等です。導入に前向きな考え方がなければ、やはりどこか使いづらいソフト（完璧なソフトはないという意味）であることから、反対派の声が大きくなり、使えない、いらない……と結局はアナログに戻るという流れでした。

ところが最近は説明書を読まなくても直観で操作できるアプリの開発や音声認識で入力できるソフトの改善が進んでいます。そして、スマートホンやタブレットもどんどん日常生活に浸透して、触ったことがないという方が減りました。働き方改革も追い風となっています。現場での記録作成時間を減少させるためのタブレット入力化は代表例です。時間が大幅に減り、ミスも減少することで、残業時間の減少に貢献しています。現場で入力された介護記録は介護計画と連携するのでケアマネジメントのPDCAサイクルも回しやすくなります。さらに、介護記録は請求業務と連動して、結果的に介護報酬の請求業務も短縮化されるようになります。

介護保険は今後、高齢者をお預かりするというレスパイト・ケアサービスから、介護状態を改善するサービスへシフトしていきます。高齢者が介護事業所に通ってリハビリを行って介護度が低くなると介護事業所が評価されて、その結果として介護事業所は報酬がもらえるというシステムです。これをアウトカム評価と言います。現在通所介護にADL維持等加算として導入されていますが、まだ受け取る報酬は少なく本格的導入とは言えません。しかし、次期介護保険改正ではもっとメリハリのある大きなアウトカム評価制度が導入されると考えられています。

アウトカム評価はデータの裏付けが伴います。リハビリ期間中データはタブレットやパソコンで入力され、解析されて改善や状況報告に利用されます。医師やケアマネジャー、利用者本人も当然見ることになります。手書き集計やフリーハンドのグラフは味があって良いかもしれませんが、やはりソフトによる自動集計、そして自動作成される報告書のほうが望ましいのは間違いありません。パソコンができないとか、操作がわからないとかそういった次元の拒否理由はもう通用しない時代に入っています。

介護事業所は、シフト勤務や直行直帰型の勤務形態があるため、連絡や報告に時間差が生まれています。例えば、訪問介護は直行直帰、しかも一人での介護サービスが基本です。なかなか職場仲間と顔を合わせられません。夜勤をする方も同様です。夕方や夜遅くに介護事業所に入り、早朝には帰ります。同僚と話す時間もなく、不安ながらも仕事をする方も多いと思います。しかし現在はSNSがあります。私が社会福祉法人で勤務していたころに使っていた紙の回覧とは比べ物になりません。いつでも一斉に連絡や報告ができます。スマートホンやタブレットにはカメラ機能があるので、写真を撮って情報報告も容易

用を希望する高齢者にアプローチしスの利用契約を獲得していかなければ生き残れません。ところがになっても、介護サービスは福祉だから営業は良くないと考える経しします。特に売上や利益という言葉に神経質で、不潔なもののようことがあります。介護保険制度前から存在している社会福祉法人の経営向があります。この場合は無理に先方の考え方を変えようと努力しても徒る場合があるので程々が良いと思います。

さて、話を戻して介護現場スタッフから経営者になった場合、こ営業の経験がないため営業という言葉にピンとこない場合があります。また業というものに悪いイメージを持っており、できれば営業はしたくないと本音漏らす経営者もいらっしゃいます。その場合、次の通りごく当たり前のことを説明します。

「介護事業所は利用者ありきです。利用者の獲得は、オープン前から経営者が行わなければいけない仕事です。しかし、営業とはいっても、必要もない布団を売ったり、使わないウォーターサーバーのサブスクリプト契約をしたりするものではありません。自分が最高だと自負する介護サービスを一人でも多くの方にご紹介する仕事が営業です。そして、事業所に見学に来てもらえる方が増えれば、もう営業は合格です。見学に来てもらい、気に入ってもらえれば契約となるからです。見学時は相談員やケアマネジャーが対応するので、彼ら彼女らには笑顔でそして、ゆっくりと案内するように心がけ、傾聴する姿勢（話しすぎない）で対応してもらいます。特別なことはありません。」

営業を行った経営者のその後の仕事は結果のチェックです。問い合わせ数、見学者数、契約数が増えていればOKです。エクセルで構わないので、毎日の見学者数、契約締結数、契約解除数、契約者数等をこまめに入力します。下記はデイサービスのチェックシートです。

営者チェックシート】

（1日の利用定員数：25人）

	月			木	金	土	日	月	火		火	合計
日付	4／1			4／4	4／5	4／6	4／7	4／8	4／9		4／30	
契約者数（目標）	70			70	70	70	70	71	71		73	73
問い合わせ			0	1	2	2	0	1	1		1	33
見学者			0	2	1	2	0	2	2		2	24
契約者			0	0	0	1	0	1	0		0	6
終了者		0	0	1	0	0	0	0	0	…	0	2
契約数（実数）		70	70	69	69	70	70	71	71		74	
利用定員数		25	25	25	25	25	0	25	25		25	650
利用休止	2	2	2	0	0	0	0	2	2		2	30
利用予定	23	22	22	24	23	24	0	23	22		22	549
実利用	21	20	22	23	21	22	0	21	22		21	516
稼働	84.0%	80.0%	88.0%	92.0%	84.0%	88.0%	0.0%	84.0%	88.0%		84.0%	79.4%

契約者数、下段が日ごとの利用人数の記入欄になっています。

※の一番上の「契約者数（目標）」はその日において目指したい契約者数です。その下に、その日1日に実際にあった問い合わせ数、見学者数、契約者数、終了者数と結果としての実際の契約者数を入力していきます。

※下段も同様に、目標の利用定員数の下に、その日における利用休止数と利用予定数、結果としての実際の利用人数を入力します。

営業の最終目的は利用人数を増やして、稼働率を上げることです。入所系施設であれば、空いているベッドをなくして定員いっぱいとなるように契約すること、通所系サービスであれば稼働率をいかに100%に近づけるかということです。いったん満床や高稼働率になれば予算として組んだ売上が確保できますので多くの経営者は安心します。ただし、ここで安心してしまって営業を止めてはいけません。問題はここからです。経営者チェックシートを見てください。終了者とは契約が終了した利用者のことを指します。また、利用休止者とは契約をしているものの入院やなんらかの理由で利用をしない方を指します。

いったん満床や高稼働率となっても、いとも簡単に利用者は減り、稼働率は右肩下がりとなります。高齢者は年齢や健康の観点から病気、長期入院、ご逝去等の理由で利用中止が頻繁に発生します。デイサービスで５人新規契約をしたというのに同月５人利用中止ということもよくあることです。特に季節の変わり目、７月～８月の暑さや１月～２月の寒さから体調不良者や利用中止者が増えれば、実利用者数は確実に減ります。それらを見越して営業を続けていくことが大切なのです。つまり、満床や高稼働率にするためのスタートダッシュとしての営業をした後は、満床や高稼働率を維持していくための営業が待っているわけです。これは介護事業所を経営していれば避けては通れない課題です。

営業こそが事業所が存続できる唯一方法です。見学者を絶え間なく呼び込むことです。もはや営業は苦手であるとか、営業はよくわからないというレベルではなく、介護事業所を続けるためにはやらなければいけません。満床や高稼働率の維持なくして売上の確保はできません。なぜ営業をする必要があるのか、必要性を理解してもらえれば、経営者の意識は変わります。経営者に進言できるのは私たち税理士の役目です。

もう一つ経営者の耳に入れておくべきことがあります。それは、介護保険サービスは、とても恵まれている環境にあるということです。特別養護老人ホーム、デイサービス、ショートステイ、訪問介護等の介護保険サービスは、国が制度を作って、市区町村が広告宣伝をしてくれています。いまさら商品内容（＝介護サービス）を説明する必要がありません。事業所をオープンさえすれば、サービスの質は担保されていると理解されています。しかも、地元自治体は、介護事業所が掲載されている冊子、ウェブサイトでは事業所名や所在地を掲載してくれます。通常の事業会社であったらすべてお金をかけて自社で準備しなければいけないことだらけです。また、一般の会社であれば、売掛金の貸し倒れの心配がありますが、介護保険は国が行う保険制度であることから心配いりません。請求月の翌月に確実に振り込まれますし、値切られることもありません。もう、やると決めて起業したからには思いっきりやるしかありません。

2 稼働率が低い

経営者が営業をして見学者が増えたとしても、見学対応する相談員やケアマネジャーにやる気がない場合、どうなるでしょうか。もし、その見学対応したスタッフの印象や事業所の雰囲気が悪ければ、高齢者を紹介してくれた外部の居宅介護支援事業所のケアマネジャーや地域包括支援センターの担当者はどう感じるでしょうか。おそらくいくら経営者が営業しても、もう見学が増えることはないでしょう。そして問い合わせさえなくなってしまうかもしれません。この問題は、やる気のないスタッフに見学対応をさせなければ良いという短絡的な考えでは解決しません。スタッフは担当を外されたことを根に持ち、悪い雰囲気が職場内に伝播してしまうからです。

そこで改めて原因を考えてみると、そもそも経営者が相談員やケアマネジャーに対して見学対応の本当の意味を教えていないことに気づきます。相談員やケアマネジャーは介護事業所の顔であり、見学対応するということは全スタッフを代表している自覚をもって接しなければいけません。それにもかかわらず、しっかりやってくれるだろうと楽観的に考えて見学対応させていたことが原因です。実は、経営者でないスタッフは、そもそも毎月の売上や経費、利益を把握していません。自分の給料やボーナス以外のお金の話は、自分には関係がないと思っています。当然、売上が上がったのか下がったのか気にしていません。売上が増えず赤字が続いたところで、給料がもらえれば、危機感は持ちません。介護事業所の状態がどうであっても、頑張って利用者を増やそうとは思ってくれないのが実情です。

この状態を脱出するには、全ての現場スタッフに稼働率を意識してもらう必要があります。経営者が持つチェックシートをスタッフに開示し共有します。毎日がどのように過ぎているのか知り、どうすれば計画に近づけるのかスタッフ間でアイディアを出してもらい、行動の改善を進めてもらいます。その結果、利用者が増えればスタッフを褒め、利用者が減れば鼓舞します。人間褒められれば気持ちが良いものです。事業所の状態は一目瞭然ですので、見学者や利用者が増えていくのは良いことだと意識が変わっていきます。普段からチェックシートに記載する人数や稼働率を意識してもらって、目標を設定しておけばそこを目指すように動いてくれます。さらにリーダークラスと相談員やケアマネジャーには売上まで意識してもらいます。介護事業所の損益分岐点、その時点の利用者数、要介護度別の一人当たりの売上額を頭にインプットしてもらいます。また、介護保険のお金の流れも知ってもらいます。お金の流れとは、つまり、毎月給与が受け取れるのは介護サービスを提供したことによる報酬を源泉としているということです。

だと思います。クライアントのさらなる飛躍、事業の拡大、地域福祉の要となる事業所に成長していくためにも、税理士も未経験、知識のない事業について経営者と一緒に勉強する姿勢が必要だと感じています。

【第8章】

社会福祉法人の運営サポート

1．社会福祉法人の使命

1　第1種社会福祉事業を担う社会福祉法人をサポートする意義

社会福祉法人は収益事業を行っていなければ原則、法人税や地方税が免除されている法人です。非常に優遇されています。しかしそれは社会的使命を担っているからこそで、営利を求める存在とは考えられていません。ところが介護保険制度や障害福祉サービス等従来措置制度で行われてきたものがどんどん民間に開放されたことから、株式会社を代表とする民間企業と正面から戦わなくてはならなくなりました。利用者を獲得してサービスを提供する、スタッフを雇用するという当たり前の営みを行うには、同じ土俵で同業の介護事業所と戦って利益（社会福祉法人会計では収支差額と言います）を残していく必要があります。以前は「施設の運営」という観点で事業を行っていればよかったのですが、この民間に開放という大転換によって、経営の観点や民間の知恵を取り入れて生産性を向上させてより良いサービスを提供しなくてはいけなくなりました。社会福祉法人自身がどこか自分たちは特別だと誤解し、社会の荒波を経験しない井の中の蛙となっていたので、この開放政策は歓迎すべきことだと思います。

それでもなお、社会福祉法人だからこそ経営を許されているのが第１種社会福祉事業です。特に高齢者を対象とした第１種社会福祉事業は、養護老人ホーム、特別養護老人ホーム、軽費老人ホームの３つだけです。今でこそ全国にたくさんの有料老人ホームや在宅介護サービスがありますが、その昔は施設数が少ないころから高齢者の生活や介護を支えてきたのは社会福祉法人だという自負があります。また社会福祉法人だからこそ行える利用者負担軽減制度があります。低所得で生計が困難な方に対して利用者負担の軽減を行い介護保険サービスの利用促進させることがねらいです。篤志家が始めたという社会福祉法人の歴史と非営利団体という社会的使命を受け継ぎながらこれからも胸を張って第１種社会福祉事業を担う責任があります。

ところが、最近の社会福祉法人はどうでしょうか。社会福祉法人といえども規模の大小で元気さが違います。どちらというと中～小規模な社会福祉法人で元気がないのが目立ちます。特に小規模な社会福祉法人の場合、一法人一施設

【経営者チェックシート(2)】

			月	火	水	木	金	土	日	月	火		火	合計
	要介護度	報酬	4／1	4／2	4／3	4／4	4／5	4／6	4／7	4／8	4／9		4／30	
人数（人）	要介護度1	5,750	4	4	5	5	4	5		4	5		4	108
	要介護度2	6,790	7	7	6	7	7	6		7	6		7	160
	要介護度3	7,840	4	4	5	5	4	5		4	5	…	4	108
	要介護度4	8,880	3	3	3	3	3	3		3	3		3	72
	要介護度5	9,930	3	2	3	3	3	3		3	3		3	68
			21	20	22	23	21	22		21	22		21	516
売上（円）	要介護度1	5,750	23,000	23,000	28,750	28,750	23,000	28,750		23,000	28,750		23,000	621,000
	要介護度2	6,790	47,530	47,530	40,740	47,530	47,530	40,740		47,530	40,740		47,530	1,086,400
	要介護度3	7,840	31,360	31,360	39,200	39,200	31,360	39,200		31,360	39,200	…	31,360	846,720
	要介護度4	8,880	26,640	26,640	26,640	26,640	26,640	26,640		26,640	26,640		26,640	639,360
	要介護度5	9,930	29,790	19,860	29,790	29,790	29,790	29,790		29,790	29,790		29,790	675,240
			158,320	148,390	165,120	171,910	158,320	165,120		158,320	165,120		158,320	3,868,720

売上は国保連に介護報酬を請求するまで計算できないものではありません。上記のようにエクセルを使って、毎日の利用者を要介護度別に集計すれば、簡易的に計算できます。この作業は利用者数を把握している相談員やケアマネジャーが適任です。もちろん数字の責任は経営者が負うもので、売上が少ないからといって相談員やケアマネジャーを呼んで怒る筋合いのものではありません。ただし、相談員やケアマネジャー、リーダークラスに数字を共有させることは危機意識を芽生えさせます。その一方でその月の売上目標に対して予定よりも進捗割合が良ければ、介護という仕事の満足感とは別にみんなで決めた目標への達成感や到達しているという安心感を得ることができ、よりその状態が続くように頑張るようになります。

スタッフの動き１つで大きく売上が変わる一例を紹介します。特別養護老人ホームは入居者が入院してしまった場合、退院して戻ってくるまでその高齢者の売上はゼロとなります。それでは経営が成り立たないので、その入院中の入居者の部屋を空床利用として、ショートステイに転用できます。ショートステイの転用利用ができれば売上が上がります。特別養護老人ホームで１人入院すれば１日15,000円ほどの売上がなくなる一方で、ショートステイ転用利用によって同額が補填できる関係になります。普通に考えれば入居者が入院している期間中は１日でも多くショートステイを受け入れて、補填しようとなります。ところが、生活相談員やケアマネジャーは、入院さえなければやらなくても良かった新しい仕事（空床がある旨の連絡や受け入れの調整、準備等）

が増えるので嫌がります。ここで、普段から稼働率や売上のことを明確に意識しているかどうかでその後の動きが大きく変わります。

生活相談員やケアマネジャーはショートステイ利用者を見つけて、段取りをつけて、書類を作成して、現場に説明してとなるので一人くたくたになりますが、それが仕事だと理解し、片っ端から居宅介護支援事業所に電話やFAXをして、入院した日の翌日にはショートステイの受け入れを行い、売上のロスを発生させないで乗り切ってくれるスタッフが理想です。しかし、売上や稼働率を意識していなければ、動きはまるで異なります。入院は自分のせいでないからそんなに急いでショートステイ利用者を見つけなくてもいいや、明日は公休だからあさってに声かけよう、もう金曜日だから休み明けに電話してみようと後まわしにしてしまいます。このように今日アクションを起こさずに明日、あさってと仕事を先送りする相談員やケアマネジャーがいる場合は、経営への影響は深刻です。季節の変わり目で例えば５人が入院した場合、１日で約８万円、１週間で約53万円、１か月で225万円の売り上げが変わってきます。翌月も特別養護老人ホームの入居者が入院継続となれば、恐ろしい金額の売上損失となります。実際に管理者の目が行き届かない施設だとこのような事態が日常茶飯事に起きています。どれだけスタッフへの目配りが大切かということがご理解いただけるかと思います。

経営者はただ良い介護を提供しようという理想論では経営できません。良い介護は当然ですので、それ以外に経営に直結する目標を設定して、みんなで目標をクリアして、また来月目標を再設定して目標達成を繰り返していかなければなりません。良い介護というのは抽象論であることから一人ひとりがなかなか達成感を得られず、結局はマンネリ化しやすい目標です。その点、数値目標は明らかなので、良い介護と具体的数値目標を使って視野を広げていくことが大切です。経験上、いろいろな目標があると取り組むのは大変ですが、どれかは達成するので、その達成感を味わったことでドーパミンが放出されて次はもっと頑張ろうという気持ちになるのではないかと考えています。

3　損益分岐点や目安となる割合

介護事業の損益分岐点は、サービスの種類によって特徴があります。売上に対して損益分岐点が高いのは施設系サービス、損益分岐点が低いのは訪問系や通所系サービスです。損益分岐点は変動費と固定費に分けられます。売上原価（食材料）は売上によって変動するので、変動費とも考えられますが、売上（定員）が決まっていることから、売上原価はあまり変動しません。結果的にすべての売上原価と費用の合計額を固定費としてとらえて損益分岐点とすることができます。損益分岐点は賞与や労働保険料等の支払いを除けば、毎月同じ額となることから、毎月の売上はいくら以上必要でそのためには稼働率はどれくらいを維持しなければいけないかは容易に計算できます。

どの経営者も損益分岐点を低く抑えるように意識はしているはずですが、時間の経過とともに気が緩み、損益分岐点は上昇しがちです。そのため、毎月の月次試算表では損益分岐点の状況を判断します。特に、人件費額と人件費の売上に占める割合を注意深く見ていく必要があります。人件費の割合が適正かどうかは、厚生労働省が実施する「介護事業経営概況調査結果」や「介護事業経営実態調査結果」にある各サービス別総括表が参考になります。

例えば、特別養護老人ホームと訪問介護の総括表は以下となります。

第1表　介護老人福祉施設　1施設・事業所当たり収支額，収支等の科目

			令和元年度概況調査				令和2年度実態調査		平成29年度実態調査	
			平成29年度決算		平成30年度決算		令和元年度決算		平成28年度決算	
			千円		千円		千円		千円	
1	Ⅰ　介護事業収益	(1)介護料収入	20,662		21,031		21,044		19,881	
2		(2)保険外の利用料	5,565		5,603		5,911		5,650	
3		(3)補助金収入	85		91		91		91	
4		(4)介護報酬査定減	−1		−2		−3		−1	
5	Ⅱ　介護事業費用	(1)給与費	16,809	63.8%	17,015	63.6%	17,202	63.6%	16,573	64.6%
6		(2)減価償却費	2,283	8.7%	2,264	8.5%	2,368	8.8%	2,174	8.5%
7		(3)国庫補助金等特別積立金取崩額	−888		−849		−884		−914	
8		(4)その他	7,381	28.0%	7,556	28.3%	7,657	28.3%	7,092	27.7%
9		うち委託費	1,844	7.0%	1,912	7.2%	2,042	7.5%	1,720	6.7%
10	Ⅲ　介護事業外収益	(1)借入金補助金収入	18		16		18		23	
11	Ⅳ　介護事業外費用	(1)借入金利息	158		147		146		161	
12	Ⅴ　特別損失	(1)本部費繰入	150		127		143		160	
13	収入　①＝Ⅰ＋Ⅲ		26,329		26,739		27,061		25,643	
14	支出　②＝Ⅱ＋Ⅳ＋Ⅴ		25,894		26,260		26,633		25,246	
15	差引　③＝①−②		435	1.7%	479	1.8%	428	1.6%	397	1.6%
16	法人税等		−	−	−	−	−	−	−	−
17	法人税等差引　④＝③−法人税等		435	1.7%	479	1.8%	428	1.6%	397	1.6%
18	有効回答数		1,257		1,257		1,442		1,340	

第5表　訪問介護　1施設・事業所当たり収支額，収支等の科目

			令和元年度概況調査				令和2年度実態調査		平成29年度実態調査	
			平成29年度決算		平成30年度決算		令和元年度決算		平成28年度決算	
			千円		千円		千円		千円	
1	Ⅰ　介護事業収益	(1)介護料収入	2,594		2,549		2,586		2,227	
2		(2)保険外の利用料	32		31		57		31	
3		(3)補助金収入	2		1		2		4	
4		(4)介護報酬査定減	−0		−1		−2		−1	
5	Ⅱ　介護事業費用	(1)給与費	2,008	76.4%	1,994	77.2%	2,052	77.6%	1,721	76.1%
6		(2)減価償却費	25	0.9%	24	0.9%	30	1.1%	26	1.2%
7		(3)国庫補助金等特別積立金取崩額	−1		−1		−1		−1	
8		(4)その他	363	13.8%	370	14.3%	440	16.6%	346	15.3%
9		うち委託費	24	0.9%	23	0.9%	46	1.7%	24	1.1%
10	Ⅲ　介護事業外収益	(1)借入金補助金収入	2		2		2		2	
11	Ⅳ　介護事業外費用	(1)借入金利息	6		6		7		6	
12	Ⅴ　特別損失	(1)本部費繰入	70		72		46		57	
13	収入　①＝Ⅰ＋Ⅲ		2,629		2,581		2,645		2,263	
14	支出　②＝Ⅱ＋Ⅳ＋Ⅴ		2,471		2,464		2,575		2,155	
15	差引　③＝①−②		158	6.0%	117	4.5%	70	2.6%	108	4.8%
16	法人税等		11	0.4%	12	0.5%	10	0.4%	15	0.6%
17	法人税等差引　④＝③−法人税等		147	5.6%	105	4.1%	60	2.3%	93	4.1%
18	有効回答数		470		470		1,299		1,523	

厚生労働省のデータで客観的数値である以上、税理士としてクライアントに対してもアドバイスがしやすくなります。同業他社の情報として、利用者一人当たりの平均の収入なども記載されています。人件費、人件費割合と利用者一人当たりの売上がコントロールできていれば、経営はやりやすい状態と言えます。

この総括表を目安にすれば、自分たちはどこまで頑張れば平均点以上になるのか明確になり安心できます。例えば、売上が損益分岐点を超える月が続き、総括表の給与費割合よりも割合が低い状態であれば昇給やボーナス支給額が検討できます。毎月の試算の結果予算よりも多い利益が残るようでしたら、一般的な会社のように賞与引当勘定を使用して、各月の収支を平準化してボーナス支給に備えることもできます。どんぶり勘定で行う経営では判断材料は勘や気分の良し悪しですが、客観的な情報と毎月の月次試算表の結果を使うことでぶれない経営判断ができるようになります。スタッフの配置人員についても今後を見通しながら採用ができるのではないでしょうか。

4　インカム・SNS

私がお世話になっている美容院ではスタイリスト含めてスタッフはみんなインカムを着けています。理由を聞いたところ予約のお客さんが受付に来たことをスタイリストに伝える役割や、カットからシャンプーに移動するときにさりげなくスタッフへ指示が出せる等その場を離れなくても連絡ができるのでとて

も重宝しているとのことでした。一方で介護業界に目を向けてみるとインカムよりもPHSの利用が多いようです。PHSの目的はナースや介護主任を呼んだり探したりすることがメインです。PHSの場合、短縮番号を押して電話機を耳に当てて電話するので相手との通話が終了するまで手が止まってしまいます。また、目的とする職員がそのPHSを持っていない場合、結局は施設中を探しまわる羽目になります。PHSは台数が限られていて全員が持てない、通話スタイルが一人対一人ということがあり、果たしてPHSは介護事業所に相応しいシステムであるのかは検討する時期にあるのではないかと思っています。

インカムは本体レシーバーをポケットに入れたりひっかけたりし、そこから有線でイヤホンとマイクをつないで、必要な時にだけマイクのボタンを押して話します。イヤホンは常に待機状態です。通話のスタイルが１人から多数という連絡になります。すべての会話がインカムを付けているスタッフに筒抜けとなります。このデメリットを活かします。人を呼んだり、探したりする場合は、インカムを使って、「〇〇さんを見かけたら、〇〇まで来るように伝えてください。」となります。すべてのスタッフが聞いているので伝達手段としてとても優れています。また、その日にホール等でイベントがある場合、準備ができたことを伝えて早めに集まるように呼び掛けることもできますし、何かと一斉呼びかけが役に立ちます。特に特別養護老人ホームなどの入所施設では日中一人で10人以上のご利用者を対応することとなりので、その場を動くことができず、人を呼びたかったり探したかったりする場合は便利になると考えられます。

インカムは１台あたり１万円～３万円程度の購入費用がかかります。PHSの購入には５万円程度かかることから、コストは低くなるため、多くの方が使用するには適しています。ただしPHSから入れ替えるには数十万円以上のコストがかかるので、すぐに導入とはならないかもしれません。しかし、人探しの時間や待ち時間が減少することから、スタッフの動き方が変わり、残業が減少していく可能性があります。数年の運用でペイできるかもしれません。また、ご利用者への直接対応についても、これまで、「スタッフは電話ばっかりしている」と苦情が起きる場合があったら、インカムはさりげない連絡方法になるため利用者満足度があがるかもしれません。インターネットの検索やすでに導入している施設を見学させてもらう等して次年度に向けて検討してみてはいかがでしょうか。

5 だらだら残業の防止

介護職も看護職もお給料が支払われているのでサラリーマンです。仕事内容は数字に表れにくく、一見すると出勤さえしていればお給料がもらえると錯覚してしまうかもしれません。また、居残っていればタイムカードを押す時間が遅くなり、残業代が稼げると考えてしまう場合があります。実際に労務管理をないがしろにしていると管理者も従業員も果たしてなにが本当に必要な業務であるのかわからないまま仕事を進めてしまい、不要な仕事も業務だと思ってしまい、結果として就業時間内に仕事が終わらずに残業となってしまうこととなります。

そこで仕事の棚卸を行うと意外と集約できる業務が見つかって時間短縮が行える時があります。例えばリネンや備品の補充方法やその時間帯です。利用者の食事を運ぶ台車のオペレーションも見落としがちです。そのほか利用者の個人の洗濯物の外注化の検討や買い出しを止めてスーパーのネット利用等スタッフの業務を減らすことで介護等の直接業務に集中させて結果として残業をなくせることもあります。業務内容を洗い出して優先順位をつけてもらった後に、これは他のユニットと合同でやったほうが効率が良いのではないか、これはわざわざ介護職がやる必要はないのではないかと外部の人間がぽつりと言うことで少し冷静になって考えてもらうことができます。実は、視野が狭まった人間同士だと自分の仕事が取られると思って反対勢力になってしまうので、外部の人が俯瞰的に見て言うほうが青天の霹靂のように効果がある場合があります。

さて、残業をいくらしてもその分介護報酬が増えるわけでも利用者から利用料を支払っていただけるわけではなく、決まったパイの中から支払われていくだけなので、その顛末は賞与が減った、昇給がなくなったと自分自身の首を絞める結果に他なりません。もっと賞与が欲しいというスタッフほど無駄に残っていたりします。

今から十数年前、介護事業所を対象とした労働基準監督署の調査が行われました。当時私自身、事務長として対応しましたが、監督官が言うには、とにかくタイムカードの打刻時間がすべてであり、着替えや準備の時間も業務であり、１分単位で残業代を支払わないといけないという強硬な態度を見せ四苦八苦した記憶があります。その際に私が主張したのは、施設ではすべて残業は事前申請又はやむを得ない場合は事後申請制度を徹底させており、サービス残業は存在しないということでした。事実、超過勤務申請書はかなりの枚数がありました。超過勤務申請に対して未払残業代もなかったことから、労務管理はできているとの認識に変わり、最終的にはこちらの主張が認められました。タイムカードの打刻と超過勤務申請書との乖離は、あくまで従業員の判断により居残っているものであるが、今後は速やかに退勤を促すと一筆書いた記憶があります。結局は大事にならずに調査は終了し、後日特段の指摘はありませんでした。管理者も現場も好き勝手に仕事をさせる、やらせるというのは労務管理の問題からも良くありませんし、適切な残業についてお互いに理解を一致させて仕事に臨むことが結果として無駄な残業を減らして、その分賞与や昇給等にお金が回せるので本当は一番幸せなことだと思います。

2. スタッフ関係

1 人が採用できない

介護業界はこの10年間、極度の人手不足に陥っています。あの手この手でリクルートを行っていますがそもそも応募が少なく、人材紹介業者に想定年収の20%～30%の手数料を支払って直接雇用している状況です。その一方で勝ち組と呼ばれるスタッフが潤沢にいる事業所もあります。この差はいったいなんでしょうか。その差の１つに、スタッフがスタッフを連れてくる好循環があります。一種の紹介（リファーラル）です。自分が働きやすいと感じているからこそ、友人から勤め先の介護事業所の悪口をきけば、うちに来ればと紹介します。介護事業所は、実際に紹介があれば紹介者に紹介料を支払ったり、応募者が実際に就業すると就職支度金としてお金を支給したりします。さらなる好循環となります。

翻って応募者がない介護事業所の場合、そもそも求人活動がまともに行われているのかという問題があります。経営者は現場の管理者に求人業務を丸投げしています。現場でなにかアイディアがあるわけではないので、管理者一人で求人を行い、忙しい中の対応のため、いつも通りの業者を呼んで求人広告を行い、とりあえず来ないけどやっている感を出しています。これでは応募がないのはあたりまえです。経営者も管理者も現場も一丸となって求人活動に取り組んでみると私は変わっていくと考えています。

まず、求人情報の掲載の仕方がこの20年変わっていません。これだけ求人難と言われているのに介護業界の求職者が見る給与や待遇等の条件は何の変哲もない箇条書きです。工夫するだけで他の介護事業所と差別化できます。例えばAさんが○○介護事業所で働いた場合は、このような条件で想定年収はいくらになるとイラストや罫線で表示してみれば、求職者の理解が深まって自分自身を想像してみて、応募してみようかという気になってくれます。さらに、他の業界では、リクルートページを設定して、経営者や管理者の思いをムービーでアップしています。経営者自らが語りかけたり、アニメーションでキャラクターにしゃべらせたりとやり方は様々ですが、法人の思いや価値観に共感してもらえる人に来てもらいたいのに、やらずに「良い人が来てくれない」と嘆くのは間違っていると思います。また、実際に働いている仲間の顔写真付きでコメントを添えると、一緒に働いてくれる仲間からのメッセージだと受け止めてもらえ、やはりそのスタッフに共感して応募しやすくなります。応募が来ないと、さも「社会の問題」のように言う介護事業所の経営者ほど実際に行動していないと感じてしまいます。

　また、最近はバーチャル体験が当たり前の世界になっています。その場所に行かなくともスマートホンやパソコンでその場所を行き来出来て体験できるというものです。Googleのストリートビューがまさにそれです。これを介護事業所内にも導入します。自宅にいながら介護事業所のバーチャル見学が可能となります。玄関を入ると事務所があって、さらに中に入るとホールや居住棟へのエレベータがあるなどスマホやパソコンで体験できると求職者はより応募しやすくなります。このバーチャル見学は求職者の他に利用を希望する高齢者やその家族も見ることができます。より介護事業所の利用促進につながります。もちろんコストがかかります。しかし、そのコストは本当にコストでしょうか。例えば実際に私が知っている例として、人材紹介業者に、想定年数400万円の介護職の紹介手数料として120万円支払った後にたった４日でそのスタッフに退職されたことがあります。人材紹介業者から返還される金額は出勤日数４日にもかかわらず手数料の半額です！　なに１つ生み出さずドブに捨てたようなお金です。こんなお金を支払うのでしたら、100万円支払ってスタッフの採用と利用者の獲得の両方に長期間使えるバーチャル見学を取り入れたほうがよっぽどましではないでしょうか。

　そして最後に現場やスタッフの問題があります。スタッフの補充がないと困る側が、協力的でない場合があります。例えば求職者が見学に来た場合でも挨拶ひとつしない、笑顔がまったくなく、さも対応がめんどうのような顔をしていたらどうでしょうか。また、スタッフ同士の言葉遣い、物の扱い方等が乱雑でしたら、見学に来た求職者はこれらを目の当たりにした瞬間逃げ出したくなるでしょう。経営者、管理者、現場が一丸となってぜひあなたを新しいスタッフとして迎えたいという心を持たなければ、時間、お金、労力全てがただ単に浪費されるだけで時間の経過とともにその介護事業所は窮地に陥っていきます。

2 外国人技能実習生・特定技能外国人の導入

介護業界にも外国人労働者を介護の担い手として考えて積極的に活用するようになりました。やはり人手が足りないという背に腹は代えられないという理由があります。しかし、高齢者を対象とした介護サービスに外国人が務まるのかという懸念もあるため、二の足を踏む事業所も数多く、どちらかというと社会福祉法人や医療法人等の比較的規模が大きい事業所が取り組む例が見られます。

技能実習生は、あくまで技能を習得し本国に戻って普及させることを目的としています。外国人だからオムツ交換だけをさせる等の単純労働に従事させることはできません。また、外国人だからと、日本人と待遇を異なるように安い給与体系で実習させることも望ましくありません。また、介護サービスを享受する高齢者が不安となっても良くありません。

ただ単に人手不足だからということで外国人労働者に飛びつくのではなく、受け入れ態勢はとれるのか、現場スタッフの理解は得られているのか、高齢者やその家族に対しても説明しているのか等、しっかりと準備を進めたうえで受け入れることが必要です。

私のクライアントである社会福祉法人でも、この外国人技能実習生と特定技能外国人の導入を決定しており、実際に2020年５月から合計10名ほど受け入れる予定となっていましたが、新型コロナウイルス感染症ですべてが止まってしまいました。実際に受け入れた場合の問題点は私自身未経験であったのでこれから学ぼうとしていた矢先でした。今思うことは、外国人の受け入れ制度は上手に活用してみんながWIN-WINとなるように進めていただきたいということです。

現場のモチベーションが低い理由は様々ですが、目標がないこと、モチベーションを下げるスタッフがいること、管理者が現場に業務を丸投げで興味を持たないことが主な理由だと考えています。目標がないという問題は、マンネリ化してただただ毎日を過ごしてしまう事業所に見られます。人事異動がないので交流が少ない、現場から何か提案をして買いたい、外出したい、やりたいという意欲がないので、受け身のスタイルです。この場合は、経営者チェックシートを使って、情報を共有して目標をセットすることで、意識は変わります。人間は楽を望む一方で刺激がないと飽きてしまいます。

次にモチベーションを下げるスタッフがいる場合です。新人スタッフが燃えている最中で、そんなにがんばってもなんにもならないよと平気で水をさします。何をやるにも否定的で腰は重い状態です。ただただ、今の最低限のパフォーマンスで給料だけもらえていればいいやと考えています。この場合、異なるエリアの事業所に異動できれば良いのですが、事業所が１つしかない場合はやはり、現場全体に経営者チェックシートを使った共通の目標をセットすることが効果的です。そして、少し進んで提案制度を導入します。改善提案や新規イベントの提案等事業所にとって良い方向に向かうものについてはウェルカムとします。また、笑顔で挨拶する等当たり前のことをルール化します。提案制度や笑顔挨拶ルールは継続的に行っていくことで賞与の査定として１万円でも２万円でも加算します。モチベーションを下げるスタッフが心を入れ替えてくれればOKとなりますが、向上する気持ちのある現場にいづらくなって退職してくれる場合もあります。ただ、もともとは頑張ってくれていたスタッフのはずなので、経営者や管理者面談を織り交ぜながら今後のことを話していくことが必要だと思います。

上記２つは現場の問題でしたが、最後に管理者が現場に業務を丸投げで興味を持たないことが原因となる場合があります。現場は頑張っても経営者や管理者から労いの言葉はなく、受け入れや利用が困難なケース、看取りをやりきった介護と看護スタッフ等人一倍頑張っている現場に対して、興味を示さず大変さを共有してもらえなければ、現場はもう頑張ろうとは思ってくれません。これは経営者や管理者に意識を変えてもらうしかありません。変わらなければいずれ、中間管理職であるリーダーや主任クラスが疲弊してしまいます。現場からは経営層の理解がないと突き上げをくらい、しかし経営者は暖簾に腕押し状態では、ストレスが溜まります。経営者や管理者がこのような状態の場合、それでも経営が成り立っているのであれば、中間管理職がとても優秀でなんとか持っていると考えてください。

次にどんなにがんばっていたとしても、そのスタッフの身なりが良くない場合があります。例えば見学に来てくれた求職者や利用希望の高齢者を案内する生活相談員やケアマネジャーが、穴の開いたぼろぼろのトレーナーを着ている場合、どんな印象や思いを相手に与えるでしょうか。こんな人と一緒に働きたくない、こんなスタッフのいるところに利用者を預けたくないと思うはずです。人の第一印象は見た目で55%決まると言われています（メラビアンの法則）。職場は自宅ではないので、それなりに清潔で相手を不快にさせない格好が求められています。介護事業所では消毒薬として次亜塩素酸ナトリウムを使用しますが、この液体が衣服にかかると簡単に穴が開いてしまいます。このことから穴がたくさん空いた服を着ていても許されるという感覚が芽生えてしまうのですが、物事にはほどほどがあります。例えば、年に２回ほどユニフォームを支給することやユニフォームがなければ被服手当を支給することでさすがにひどい状態からは脱却できると思います。すべてのスタッフは勤務していれば事業所の代表です。その自覚を持たせるためにも男性や女性の服装の良い例、悪い例をイラストにして更衣室に貼っておくことで意識させることにつながります。経営者自身が服に穴が空いていても気にしていないケースもありますので、外部の人間として「その恰好はサービス業として好ましくないですよ」と一言添えられるのは税理士の役目かもしれません。

どの会社でも研修があるように介護事業所でも研修が行われています。ところが介護事業所で行われる研修内容は介護に関するものが多く社会人として身に付けておいてほしい作法や考え方についての研修は意外と行われていません。例えば、名刺交換、電話の受け応え方、打ち合わせ時の上座の場所等知っておいてあたりまえのことを知らないスタッフがたくさんいます。これは変えていかなければいけません。特に様々な業界の企業をクライアントとして持つ税理士の立場から当たり前のことができていないことを伝える必要があります。同じ学校を卒業して、新入社員として介護事業所に入職したAさんと、事業会社に入社したBさんとで後日に再開した時に名刺交換をすると思いますが、その際にAさんがまともに名刺交換できなければ、Aさんは恥をかきます。それは、Aさんが勤務する介護事業所自体のレベルが知れてしまうことにもなります。

そして、どの会社でも育成が難しいのが中間管理職です。プレーヤーでありながら、経営者の考え方を理解し現場に指示を出さなくてはなりません。しかし、介護職として仕事を始めてリーダーや主任となったとしてもこれまで通りプレーヤーとして仕事をしてしまい、現場をまとめたり、相談にのったり、経営層と交渉したりということはなかなかできません。また、中間管理職として期待したいことは現場職員の育成です。一朝一夕に理想の中間管理職になることはできませんが、１歩でも近づくためには日ごろからの心構えが必要だと考えています。それは、働きやすい職場環境作りを心掛けることだと思います。もちろん根底には法人の理念やビジョンがあります。現場が働きやすいように、育つように、話しやすいようにという常に心がければ、おのずと答えを出せるようになると思います。そのためにも経営層が現場に丸投げせず、常に見ている、支えているという姿勢を持って、協力しあえる信頼関係の構築に対して絶え間のない努力をしなければいけません。

3 今後の事業展開

経営者自身が現場に入ってしまい、周りが見えなくなり忙殺されることでこのままこの仕事を続けていいのかわからなくなる時があります。これは経営者自身が経営をしていない状態です。どの経営者も現場を経験しているのでどうしても現場の仕事をしたくなります。現場の仕事をすると安心するのかもしれません。時には良いのかもしれませんが日常的な状態になってしまうのは好ましくありません。

起業した時のことを思い出して、なぜ介護事業所を始めたのか、その時どんなことを志したのかを改めて紙に書き出してみます。例えば認知症状のある高齢者を絶対に断らないで受け入れる、緊急依頼があればショートステイは断らない等堅い意志があったはずです。改めて現状ではその意志に近づいているのか、近づくためには何をしていけばよいのか、そのためにはどんな計画を作成すればよいのか、必要な人員や研修は何かと考えることはたくさんあります。

とは言っても、起業時と現在では介護保険制度の進む方向が異なっていることでしょう。以前は入所型の介護施設をさかんに作ることが奨励されていましたが現在は通所介護や訪問介護等の在宅サービス、さらには、複数の在宅サービスが集まった小規模多機能居宅介護事業や看護小規模多機能居宅介護の複合型サービスが行政の計画に上がるようになっています。また、夜間対応型訪問介護、定期巡回・随時対応型訪問介護看護という在宅での生活を24時間支える訪問サービスがあり、行政としてぜひ作ってほしいと願う介護サービスとなっています。人員の問題、経営が成り立つのかという根本的な問題がありすぐに着手できるものではないですが、経営者の希望や意志、介護保険制度の行く末、地域高齢者の要望等を鑑みてこれからの10年、20年先でも生き残る介護事業所作りを目指して日々取り組んでいく必要があります。

【第7章】

介護事業以外の福祉サポート

❶ 障害サービス等の検討

介護保険は社会福祉の１分野であり、そのほかの社会福祉として、障害サービスや保育サービスがあります。介護保険という高齢者向け福祉サービスに近いのは、障害福祉サービスです。障害とは、身体障害、知的障害、精神障害の３つに区分され、年齢や障害の状況によって利用できるサービスが変わってきます。

介護事業所が障害福祉サービスを行う場合、年齢が18歳以上の障害者を対象とした就労継続支援や居住支援、小学生から高校生までを対象とした放課後等デイサービスを行う例が見られます。

❷ 就労継続支援

就労継続支援は、通常の企業で就労することがすぐには困難な障害者に対して、就労の機会を提供して、生産活動に従事してもらい、就労に必要な知識や能力の向上のために必要な訓練を受けてもらう事業です。簡単に言うと障害者の方に訓練として働く場所を提供するというものです。就労継続支援で仕事を覚えていきながらお給料も支払われるので達成感や喜びを得ることができます。就労継続支援を実施するためには、仕事を作らなければいけません。例えばパンを焼いて販売する仕事、外部の会社に出向いて清掃する仕事、農作物を育てて販売する仕事があります。私のこれまでに関わった例では、介護施設のホールの清掃業務、カフェの営業、園芸や農作業がありました。就業の練習とは言っても実際に外部（一般の人）へ商品を売ったりサービスを提供したりする仕事です。カフェを営業するにはオーダーをとって、コーヒーを作って、レジ打ちもあります。障害者の方が当日出勤できなかった場合は、障害者を支えるスタッフが代わりに従事します。そのため障害者を支えるスタッフに肉体的にも精神的にも負担がかかることがあります。障害者のお給料は障害者自身が従事する仕事から支払われる原則があるので、この障害者が従事する事業の経営が難しくて撤退される事業所も多くあります。いかに安定的な収入を得られる仕事を作って、仕事がしやすい環境を整えられるかがカギです。

3 グループホーム

居住支援とは障害者の住む住居の提供と生活のサポートが事業となります。この居住支援をグループホームと言います。介護保険のグループホームは認知症専門の共同生活ですが、障害者向けグループホームは認知症状の有無は関係ありません。グループホーム事業を始める場合は、一般的に一軒家やアパートを用意して、そこに障害者に低額な料金で住んでいただくことになります。一軒家やアパートはルームシェアとなり、キッチンやお風呂、トイレは共同となります。上記の就労継続支援と居住支援をセットで事業展開すると、住居の提供と仕事の提供が行えるので相性の良い障害福祉サービスとなります。生活のサポートは世話人と呼ばれる身の回りの世話をする方を雇用しなければいけませんが、介護は必要ないので、求人をすると意外と応募があるようです。最近では、この障害者が住むグループホームで動物を飼ってその飼育を障害者が担うことで精神の安定を図っているという例もあります。居住支援は、用意した部屋すべてに障害者に入居してもらえれば収益に貢献しやすい事業です。グループホームは物件探しがネックですが、複数の物件が近隣に所在していれば、男性棟、女性棟として複数のグループホームを展開でき、安定的な経営にさらに寄与するサービスとなります。

4 放課後等デイサービス

放課後等デイサービスは、平成24年４月に児童福祉法（昭和22年法律第164号）に位置づけられた新たな支援です。小学生から高校生までの知的障害を持つ障害児が、学校が終わった放課後に来て夕方までの時間を過ごしてもらうサービスです。障害があるとどうしても家に籠り気味になるので、学校や家庭とは異なる時間、空間、人、体験等を通じて個々の子どもの状況に応じた発達支援を行います。その放課後等デイサービスでは、個性を伸ばすこと、社会性を育てることに着眼を置いています。実際には、子供たちはスタッフとたくさんおしゃべりをしたり、学校の宿題をしたり、ゲームをしたりして過ごします。障害の程度が子供によって大きく異なるので、軽度者が多い放課後等デイサービスであれば療育型として買い物の練習をしたり、自分の気持ちを文章で相手に伝える練習をしたりします。重度者が多ければスタッフ１名が障害児

１～２名に対してじっくり対応し、絵を描いたりストレッチをしたりします。サービスの対象が子供だからと決して片手間でできる福祉事業ではありません。しかし、社会的な使命は介護サービス同様に高く社会から求められています。さらに未就学児向けのサービスとして児童発達支援サービスもあります。

いずれの障害福祉サービスでも、介護同様に地域の国民健康保険団体連合会に保険請求を行います。保険サービスである以上貸し倒れはなく、サービスを提供できれば売上が上がります。介護保険の通所介護と同じように当日キャンセルがあると収入はなくなってしまうので、稼働率がしっかり維持できれば十分に採算が取れて法人を支えるビジネスの柱の１つとなります。実際に放課後等デイサービスの開所数は年を追うごとに右肩上がりです。「厚生労働省の放課後等デイサービスの状況について」という資料では、平成24年度では2,540事業所であったものが平成28年度には8,352事業所まで増えていることがわかります。放課後等デイサービスブームと言っても良いと思います。そのため、にわか事業所が適切な発達支援を行わずに単なるお預かりサービスとなっていたり、発達支援の経験や知識が十分でない事業者が軽度の障害児ばかりを集めてサービスを提供していたりと問題になっているようです。そういう事業所は別として、もし放課後等デイサービス事業を開始した場合、高齢者介護とともに障害者支援という両輪で地域に根差していくことでブランド力は高まって、人材採用にもプラスに力が働くと思います。

5　共生型サービス

最後に有名な富山型デイサービスをご紹介します。介護業界で知らない人はいません。富山型デイサービスとは、高齢者も子どもも障害者もいっしょという考えのもと年齢や障害の有無にかかわらず、誰もが一緒に身近な地域でデイサービスを受けられる場所を提供するサービスです（参考：とやまの地域共生 http://www.toyama-kyosei.jp/）。国はこの富山型デイサービスを高く評価しています。このみんな一緒という考え方はこれまでなかったものです。高齢者、障害者、子どもはそれぞれ区分されて別な場所でサービスが提供されていました。私たち自身もそのことは自然に受け入れてしまってきていると思います。しかしこの「別々」ということに疑問を持った方たちが1993年、富山県で赤ちゃんから高齢者まで包括的に対応する事業を開始し、その後、富山型デイサービス推進特区等で実施されて、ついに全国展開となりました。その富山型デイサービスは今回、特に高齢者と障害者とに対して包括的にサービスを行うことが喫緊の課題となっています。

実は、障害福祉サービスと介護保険サービスには介護保険優先の原則という関係があります。介護保険にある通所介護と障害福祉にある生活介護は、同等のサービスです。ただし、介護保険は原則65歳以上の方が対象となります。そのため、障害者が65歳になると障害福祉サービスの生活介護は利用できず、介護保険の通所介護を利用しなくてはいけません。外野から見れば、「別に同じようなサービスが使えるのだから介護保険でもいいのではないか。」と簡単に思ってしまうかもしません。しかし当の障害者にとってはこれまで慣れ親しんだ場所を離れ、これまで行ったことがない場所、会ったこともない人達と一緒に日中を過ごすわけですから大きな不安になります。この問題を解消するために、介護保険事業所が障害福祉サービスを、障害福祉事業所が介護保険サービスを提供するという相互乗り入れで、65歳問題の解決が図られることになりました。

共生型サービスがなかった時であっても介護事業所が障害福祉サービスを行うことができましたが、介護保険と障害福祉サービスの両方の基準をクリアする必要がありました。同じ場所で同時間帯には介護と障害のサービスを提供できないので、別のフロアや建物、スタッフを用意することになり、結局コストの面からも難しいと考えられていました。

平成30年４月から介護保険サービスと障害福祉サービスの一部が相互乗り入れした共生型サービスが始まったわけですが、障害福祉サービスを手がける介護保険事業所はあまり増えていません。実は高齢者介護では障害者のことをあまり勉強しません。知らないがためになかなか手が出せないといった状況です。以前、ある社会福祉法人と新規事業についてさっくばらんに話をしていた時に、障害者はよくわからないし、何かあったら怖いなと本音を漏らしていた施設長がいらっしゃいました。同じ福祉といえども介護と障害とでは大きな隔たりがあることがわかると思います。もちろん障害者は高齢者ではないため、年齢は若く、障害の種類も多岐にわたることからこれまでにない環境整備が必要となることも二の足を踏む理由かもしれません。しかし、介護サービスを提供する現役世代が同年代の障害者に対してサービスを提供することになるので、これまでとは異なったやりがいや達成感があるように思えます。

共生型サービスは、介護保険と障害福祉とにそれぞれ同じようなサービスがあるものについて乗り入れが可能です。そのため、例えば障害福祉サービスにある就労継続支援は介護保険にはないサービスなので共生型サービスとはなりません。下記は、厚生労働省が示した共生型サービスの組み合わせです。介護保険の訪問介護事業所は、障害福祉サービスの居宅介護や重度訪問介護を共生型サービスとして提供できます。

	介護保険サービス		障害福祉サービス等
ホームヘルプサービス	訪問介護	⇔	居宅介護 重度訪問介護
デイサービス	通所介護（地域密着型を含む）	⇔	生活介護（主として重症心身障害者を通わせる事業所を除く） 自立訓練（機能訓練・生活訓練） 児童発達支援（主として重症心身障害児を通わせる事業所を除く） 放課後等デイサービス（同上）
	療養通所介護	⇔	生活介護（主として重症心身障害者を通わせる事業所に限る） 児童発達支援（主として重症心身障害児を通わせる事業所に限る） 放課後等デイサービス（同上）
ショートステイ	短期入所生活介護（予防を含む）	⇔	短期入所
「通い・訪問・泊まり」といったサービスの組み合わせを一体的に提供するサービス※	（看護）小規模多機能型居宅介護（予防を含む） ・通い	→	生活介護（主として重症心身障害者を通わせる事業所を除く） 自立訓練（機能訓練・生活訓練） 児童発達支援（主として重症心身障害児を通わせる事業所を除く） 放課後等デイサービス（同上）　（通い）
	・泊まり	→	短期入所　（泊まり）
	・訪問	→	居宅介護 重度訪問介護　（訪問）

※　障害福祉サービスには介護保険の小規模多機能型居宅介護と同様のサービスは無いが、障害福祉制度の現行の基準該当の仕組みにおいて、障害児者が（看護）小規模多機能型居宅介護に通ってサービスを受けた場合等に、障害福祉の給付対象となっている。

（出典：第142回　社保審－介護給付費分科会　資料4　共生型サービス）

経営者が介護保険以外の福祉サービスについて興味を持たれていたら、臆することなくやってみましょうよと背中を押してあげられる存在はやはり税理士

といった状態がよくあります。介護保険は規模の拡大によって事業を成長させることができますが、一法人一施設という状態はこの規模の拡大が追えない厳しい経営状態にあります。日々の介護事業に手がいっぱいとなり、知らず知らずに建物が老朽化し、修繕もままならぬまま大規模修繕を行わなければいけない時期が到来してしまい、資金が不足してにっちもさっちもいかなくなってしまいます。そのため最近では経営層が刷新されて、例えば民間企業や医療法人の関係者が再建に乗り出す例も出てきています。

もともと利用者への影響が大きいため、経営安定を通じた利用者の保護の必要性が高い事業として決められた第１種社会福祉事業なのに、経営主体が安定していなければいけない社会福祉法人が経営不振となってしまったら、わざわざ社会福祉法人にのみ第１種社会福祉事業を担わせる必要はなくなってしまいます。そのため、税理士として体力が弱ってきた社会福祉法人を元気にさせるために数々のサポートを行って安定した介護事業経営を行ってもらう必要があります。全国に社会福祉法人は20,000法人以上あります。特に規模の小さいと言われる雇用者数が100人未満の法人が約９割と言われています（第１回社会保障審議会福祉部会　参考資料２）。

また、売上の規模の区別なく赤字の社会福祉法人が一定数あることがわかります。以下は、独立行政法人福祉医療機構が発行した「リサーチリポート2018年度社会福祉法人の経営状況について」に記載された売上別の経営状況です。特に売上規模が小さい法人ほど赤字の割合が増加することがわかります。私の経験上、一法人一施設の場合、売上は５億円未満となります。例えばユニット型特別養護老人ホーム100床では売上は約４臆５千万円です。あらためてレポートを見てみると、１億円以下の法人だと40%以上、５億円未満でも30%近い法人が赤字となっていることがわかります。特に１億円以上５億円未満の法人数は今回の独立行政法人福祉医療機構の調査だけでも4,524法人ですので、いかにボリュームがあり赤字法人が多いかも理解できます。

【2018年度　社会福祉法人の経営状況（サービス活動収益規模別・平均）】

区　分	1億円 未満 n=408	1億円以上 5億円未満 n=4,524	5億円以上 10億円未満 n=1,957	10億円以上 15億円未満 n=704	15億円以上 20億円未満 n=325	20億円以上 30億円未満 n=250	30億円 以上 n=182
従事者数　人	16.3	48.4	121.2	204.5	286.8	390.0	646.0
人件費率　%	70.0	69.3	66.7	66.3	66.0	66.5	66.3
経費率　%	21.5	22.3	24.3	24.7	24.5	24.9	25.5
減価償却費率　%	4.4	4.4	5.0	5.0	4.9	4.7	4.5
サービス活動収益対 サービス活動増減差額比率　%	0.7	3.0	2.8	2.9	3.2	2.7	2.7
経常収益対経常増減差額比率　%	1.1	3.2	2.9	2.9	3.3	2.8	2.6
従事者1人当たりサービス 活動収益　千円	4,822	5,380	5,816	5,914	5,993	6,154	6,620
従事者1人当たり人件費　千円	3,375	3,726	3,880	3,922	3,953	4,093	4,391
労働分配率　%	94.6	94.5	94.3	94.4	93.4	94.5	94.8
赤字割合　%	43.4	29.5	28.6	25.1	20.6	22.8	18.1

経営をサポートしてもらいたい社会福祉法人は全国にたくさんあります。より良いアドバイスをしてくれる税理士を求めているといっても過言ではありません。経営サポートが得意な税理士にとって社会福祉法人を顧問先とすることに相手として不足はないでしょう。

2. 監事としてのサポート

1 理事会や監事監査での助言、議事進行内容の事前確認

社会福祉法人にはガバナンスとして頂点に評議員会があり、その下に理事会があります。理事会は、役員として任命された理事及び監事が業務を執行する機関となります。理事長は理事の中から互選によって選ばれますが、実際のところは初めから決まっています。その理事長は普段は法人や施設には出勤しない方が多いので、日常業務は業務執行理事や施設の管理者が行います。そのほかの理事や監事は自らの仕事があるのでやはり法人や施設には普段顔を出すことはありません。

【社会福祉法人の経営組織】

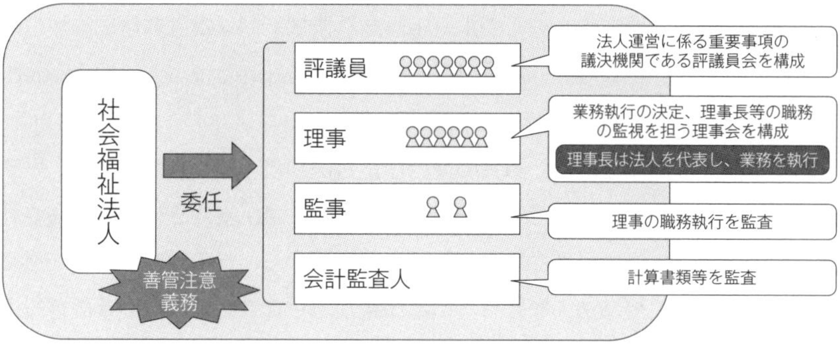

（出典：厚生労働省ホームページ）

理事長は土地所有者であったり地元の名士であったりする場合が多いです。社会福祉法人を設立するにあたって少なくとも1億円を超える多額の寄付が必要だからです。その理事長ですが、介護事業について詳しいわけではありません。同様に、理事も介護事業について詳しいわけではありません。監事は社会福祉について明るい方（社会福祉事業についての学識経験者又は地域の福祉関係者）と会計に強い方（財務諸表を監査しうる者）が任命されるので、税理士の場合、会計に強い監事として就任します。平成26年のデータ（第1回社会保障審議会福祉部会　参考資料2）ですが、監事のうち、財務諸表を監査しうる者の職種として、税理士が26.7%、公認会計士が9.7%となっています。

税理士は求められています。

社会福祉法人は、前項の通り社会的に優遇されているため、経営は健全性と透明化を求められます。ホームページには定款や役員報酬規程、さらに財務諸表を公表しなければいけません。そうなると理事会や監事監査で誤った決議を行うことはできません。例えば理事が経営する会社から相場よりも高額な商品を社会福祉法人に買わせる契約は普通に考えて避けるべきです。しかし、密室な理事会において理事が異議を唱えなければ決議されてしまいます。監事は決議には参加しませんが、議場で異議を伝えなければいけませんし、決議を行う場合も関係する理事にはいったん退場してもらうように要請しなければいけません。そもそもその理事会自体が有効に開催されたのかどうかも確認する必要があります。その時々に的確なアドバイスができる人間が監事にいるとその社会福祉法人はしっかりと内部統制が行えていると言えます。

理事会、評議員会には進め方のルールがあります。宮城県は非常にわかりやすい手引書をインターネット（https://www.pref.miyagi.jp/uploaded/attachment/691740.pdf）で公表しています。

事前に読んでおくことで、議会の進行が正しいかどうかがわかります。平成29年３月31日に社会福祉法等の一部を改正する法律が施行され、理事会や評議員会の役割が大きく見直されました。しかしながら、その大きな変革を意識することなく今に至る法人が残っている印象があります。理事や監事は普段の生活では自身に関係のない社会福祉法人について勉強するわけでもなく、わざわざ自分の時間を使って社会福祉法人を研究するわけでもありません。先日も神奈川県のある社会福祉法人にお伺いしたところ、定款が古いままの状態となっていてびっくりしたところです。まだまだ最新の情報に追い付けていない社会福祉法人があるようなので、これまで未経験の税理士も今から理解を進めれば十分に社会福祉法人の監事就任や顧問先としての取引が可能だと思います。チャンスです。

そのほか、監事には監査を最低１年に１度行う義務があります。これを監事監査と言います。決算理事会で事業報告書と決算報告書が決議される前に、事務局で作成されたこれらの書類が適正であるかどうかを監査します。監査は１日～２日行いますが、実施時期は５月の連休明けから月末までの期間に行います。監査は監事が全員参加して行い、社会福祉について明るい監事は、事業報告や内部書類を監査し、会計に強い監事は決算報告書や附属明細書等を監査します。内部書類は、起案書と呼ばれるお伺い文書で内部の決裁が時系列で正しく行われているのか、購入や工事は理事会で諮るべき金額に達していなかったか、各種会議は適切に行われていて必要な職種は出席しているのか等を確認します。一方で、決算報告書等は税理士にとって得意の専門領域です。最近は会計ソフトの制度が高いので貸借対照表の借方合計額と貸方合計額が不一致という安易なミスはなくなっていますが、それでも財務三表の整合性は第一にチェックすべき項目です。監事監査では総勘定元帳が用意されていますので、摘要欄を見ながら仕訳に誤りがないかも見ておきます。行政から監事監査のマニュアルが公表されていますのでインターネットでダウンロードして当日持参するのが良いと思います。茨城県では、社会福祉法人監事監査の手引きとしてわかりやすく公表しています（https://www.pref.ibaraki.jp/hokenfukushi/fukushi/korei/koshi/kanjikansa.html）。

また、社会福祉法人の監事監査の手引きは、書籍としても一般販売されているようですので、ご興味がある方は調べてみてください。

監事は、理事の職務の執行を監査するために、監事には各種の権限が付与され、また義務が課されます。監事が複数いる場合でも、その権限は各監事が独立して行使でき、義務は各監事がそれぞれ負います。また評議員選任解任委員会の委員としても役割があります。

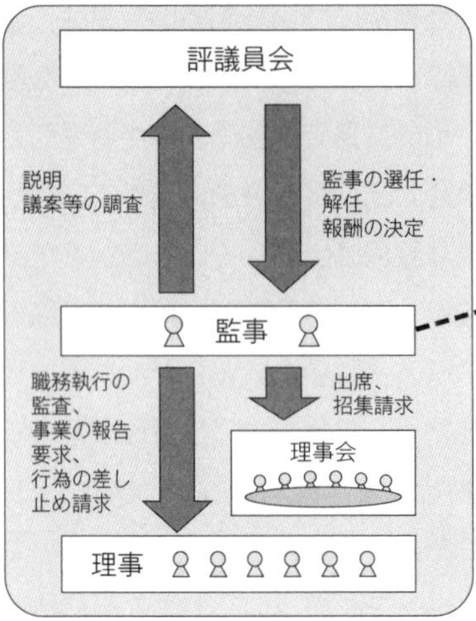

【監事の権限（主なもの）】
・理事の職務執行の監査、監査報告の作成
・計算書類等の監査
・事業の報告要求（理事、職員に対し）、業務・財産の状況調査
・理事会の招集請求
・理事の行為の差止め請求（法人に著しい損害が生ずるおそれがあるとき）
・会計監査人の解任

【監事の義務（主なもの）】
・善管注意義務（→理事と同じ）
・理事会への出席義務
・理事会への報告義務（理事の不正行為又はそのおそれ、法令・定款違反、著しく不当な事実があるとき）
・評議員会の議案等の調査・報告義務（報告義務については法令・定款違反又は著しく不当な事項がある場合）
・評議員会における説明義務（→理事と同じ）

【監査の責任】
・損害賠償責任、刑事罰等、いずれも理事と同じ。

（出典：厚生労働省ホームページ）

3. 顧問としてのサポート

1 理事会運営サポート

税理士として社会福祉法人が顧問先となりサポート体制が始まるとさまざまな質問をいただくことがあります。例えば事務局から理事会開催通知の送付時期について確認の依頼がある場合があります。招集日は開催日よりも７日以上前とする規定があります。しかし、単純に７日前ではなく開催日前７日なので実質８日以上開けておくテクニックが必要です。また、最近は新型コロナウイルス感染症予防の観点から書面決議というスタイルも出てきています。この書面決議１つにしても、実は社会福祉法第45条の14第９項を準用して、一般社団法人及び一般財団法人に関する法律第96条及び社会福祉法人定款の規定を使って初めて行うことができるものです。書面決議の提案を行って、理事からの同意及び監事からの確認書をもらって初めて有効になるものなので、事前に事務局と送付文章の内容を確認しながら手続きを進めてもらいます。このようなことは初めてだと知らないことばかりでおっかなびっくりですが、１度実施したことがあれば以後はそれを再利用すれば良いだけなので、しっかりと理解しておけば税法よりも簡単です。

事業会社でも忘れがちな役員改選の時期についても社会福祉法人の場合、確実にアナウンスしておく必要があります。理事や監事の任期は２年間です。ただし、ちょうど２年ではなく、選任後２年以内に終了する会計年度のうち最終のものに関する定時評議員会の終結の時までとなります。２年はあっという間に過ぎてしまいます。しっかりと理事会で理事候補者を決議し、その後開催される評議員会で選任してもらう必要があります。高年齢の理事がいらっしゃる場合、今期限りとして考えていらっしゃる方もおり、後任人事もあることから前もって準備が必要となります。一方で評議員の任期は選任後４年（最大任期を６年までに伸長可）以内に終了する会計年度のうち、最終のものに関する定時評議員会の終結の時までとなります。評議員は、別途組織される評議員選任解任委員会で評議員候補者を決定してもらう必要があるため、こちらも前もって準備が必要です。気づいたら任期が切れていたということがないように把握しておかなければいけません。とは言ってもいつもぴりぴり神経を尖らせている必要はなく、法人事務局の職員に注意を促しておけば済みます。

2 会計経理指導

社会福祉法人の経理は社会福祉法人会計基準に基づいて処理されます。税理士の中にはこの社会福祉法人会計が不慣れなため、苦手とする方がいらっしゃると思います。さらにネガティブな要素として、社会福祉法人会計ソフトがポピュラーではないのでわざわざ社会福祉法人会計対応のソフトを用意する必要があります。一般的な会計ソフトよりも購入価格や月額利用料が高いので躊躇してしまうかもしれません。そこで税理士事務所側ではなく社会福祉法人側で用意してもらうことを検討して構わないと思います。もちろん、社会福祉法人ですでに会計ソフトを導入しているケースもあるでしょう。税理士変更に伴い会計ソフトを入れ替える話になったら、最近の流行であるクラウド型会計ソフトの導入を勧めてください。利用者IDを発行してもらうことで税理士事務所においても確認することができます。

その社会福祉法人会計ですが、財務三表として資金収支計算書、事業活動計算書、貸借対照表があります。事業活動計算書と貸借対照表は一般的なもので理解は早いとは思いますが資金収支計算書はなじみがないものです。一般的なキャッシュフロー表とは異なります。資金収支計算書は事業活動計算書からキャッシュの出入りがない科目（減価償却費）を除いて、損益科目以外の入出金（借入や返済、固定資産の購入、積立等）を加えたものです。毎月の経営会議ではこの財務三表のほかに、予算と実績の比較表と時系列データを使って現状を把握します。また、法人側からサービスごとの稼働率や平均要介護度表を提出してもらって前月の単月収支状況、そして期首からの前月までの累計及び決算見込みについて検討します。併せて、事業活動計算書では売上に占める人件費、事業費、事務費の割合を気にするようにします。

さて、前項で予算と書きましたが、社会福祉法人は非営利である性質上、資金の利用状況や法人管理体制のチェック機能が働くように制度設計されています。その制度設計とは、事業計画書を作成し、その事業計画を実行するための資金的な手当をするために資金収支予算を編成することです。予算は法人の財務の基本方針という位置づけです。予算は前年度の実績を基に今年の計画を反映させて作成されますが、基本的に法人事務局が作成します。予算は理事会の決議事項にもなっていますので慎重に作成されるべき重要な書類です。ところが、その予算通りにお金の出入りが行われるとは限りません。思いもよらぬ人材紹介料や修繕費等の発生で当初想定した予算を大きく上回って出金する可能性があります。このチェックが予算と実績の比較です。なお、出金額が多寡の場合、予算を超えた執行とならないためにも、事前に補正予算を作成して理事会で承認する必要があります。補正予算の承認は理事会の決議事項だからです。

社会福祉法人の決算期は３月と決められており、事業年度は毎年４月１日から３月31日までとなっています。決算日を迎えると３か月以内に決算書を作成して、併せて注記や附属明細書を作成しなければいけません。注記や附属明細書はその社会福祉法人の状況を鑑みて記載の省略やそもそも作成する必要がないものがあるので、「社会福祉法人会計基準の制定に伴う会計処理等に関する運用上の取り扱いについて」をよく読んで取捨選択します。特に注記については、公表されているものを記載していれば最低限はクリアできますが、例示が「……」で済まされている箇所もあるので、できれば過去の決算書類を借りて確認して記載したり、インターネットで他の法人の好事例を参考にして補足したりする必要があります。2018年にある社会福祉法人の実地指導に会計担当として立ち会った時に、実地指導官の補佐として公認会計士の先生が同行されていたことがありました。実地指導官の経験が浅く会計監査のイロハを教えてもらっているようでしたが、この公認会計士の先生が非常に細かく、「この注記内容では記載不十分である。」といろいろと指導していただいたことがありました。税理士受験科目で財務諸表論がありますが、やはり有価証券報告書を作成されている方の着眼点は異なり、いかに外部にわかりやすいように書いているかがよく分かる、私にとっても有意義な実地指導になったと記憶しています。

3　内部統制サポート

内部統制サポートは日常的な経理のサポートがメインです。経理は会計責任者と出納責任者の２名が理事長によって任命されている必要があります。実地指導ではよくこの任命時の辞令や起案書が確認されますので必ず手続きを踏んでおくように伝えておきます。
　さて、経理はまずお金の管理を行う職種ですが、その管理方法が杜撰だとやはり実地指導で指摘を受けてしまいます。よくあるのが小口現金の出金が申請なく行われていることです。事前の申請によって出金され領収書ともに精算されるように指導します。小口現金の管理は毎日残高と金種の確認が必須となっています。税理士が毎月訪問する時は小口現金の実査を行うとともに日々のお金の管理が適切に行われているか確認します。

　小口現金とは別に現金の管理があります。これは、利用料の預かりや寄付、バザー等の売上金です。特に利用料の預かりはどこの法人でも必ずあるものです。利用料の支払い方法のうち、口座振替や銀行振り込みを嫌がる方が一定数いらっしゃるからです。お金は顔を見て払いたいと言われてしまうと強制はできません。現金の取り扱いは経理規程という法人で決めた方法によって取り扱います。基本的に現金は速やかに預金口座に入金するルールとなっていますが、意外と金庫にほったらかしておく例が見られます。多くが封筒に「預かった日付、支払者、金額、受取者」が記載してあるのでそれを見ていつから存在しているのかを確認し、あまりにも古い日付の場合は、やはり指導します。寄付があった場合は、寄付申込書、領収書のコピーが必ずあるか確認し、寄付台帳にも記載してあるかチェックします。これらはすべて実地指導で指摘を受けやすい勘所となりますので、お金の入出金や保管については透明性を確保しておくことが何よりも大切です。
　備品や車両については、備品台帳に記載をすることで管理できます。ただし備品については、大きな施設の場合、どこにあるのかわからなくなってしまい、そのうちなくなるということが想像できます。可能であれば備品管理シールをテプラで作成して施設の所有物とわかるようにしておく必要があります。実地指導や監事監査では備品の所在までは確認しません。どうしても管理が杜撰になりやすいので購入した時にシールを貼るよう、日ごろから伝えておきましょう。
　最近の予算オーバーの特徴として、人材紹介料の高騰化があります。スタッフの雇用がままならぬまま退職の申し出があると焦ってしまい、人材紹介業者を使ってなんとか補充しようという動きになります。もともと資金に余裕がある法人は少なく、当初予算では、最低限度の人材紹介料しか予算として確保していません。ところが、採用がうまくいかず、一人、また一人と人材紹介業者にお世話になるようになります。一人の採用で100万円の出費はざらなので、簡単に予算を使い切ってしまいます。赤字になりやすい大きな支出項目と言えます。年度途中からはどうしようもありません。事業計画と当初予算ではスタッフ採用の一丁目一番地であるホームページやリクルート専用ページの作成にお金を使うように来年に向けて話しておく必要があります。

社会福祉法人には稟議書（起案書）という決裁をもらって物事を進めることが求められています。必ず複数の人間が目を通して決裁することで不正の防止に役立ちます。社会福祉法人では、理事長決裁事項や理事長決算金額、管理者決裁事項や管理者決済金額、事務長決裁事項や事務長決済金額を内部で規定しています。その決裁者の承認があれば購入や契約ができるようにしています。監事監査ではこういった起案書を確認する必要があるので普段からしっかりと起案書を作成して決裁を受けてもらうように伝えておきます。

税理士が社会福祉法人を毎月訪問する目的は、経営者と月次収支や決算見込みを確認するだけではなく、経理担当者にも声をかけることで安心して日々の経理業務を遂行してもらうことにもあります。普段からきちんと処理してもらっていれば、結局は決算や監査、実施指導の時に私たち税理士が安心できるということにもつながります。経理担当者は簿記等の事務資格を持っていることはありますが、介護や医療系の有資格者の多い介護事業所では「事務の人」のように影が薄く、施設内で孤立していることもあります。積極的に声をかけてあげることで自信を持って、仕事に励んでもらえるようになります。税理士との信頼関係の構築にも役立ちます。

【第9章】

実地指導サポート

1．あらまし

介護事業所は実地指導と呼ばれる所轄官庁からの調査を受ける義務があります。通常この調査は６年に１度程度行われることになっています。しかし、税務調査と同じく、事業所数がとても多いために調査官がすべての事業所を回ることは困難です。まったく調査がない介護事業所も少なからずあります。この６年に１度程度行われる実地指導に対して特別指導というものがあります。これは実施指導で大きな不正が見つかったり、法令に則っていなかったりと早急な改善が指摘されたにも関わらずなお改善しない介護事業所に対して３年～５年の間、毎年指導する実地指導のことを言います。一般的に、実地指導で指摘を受ければこれはまずいと思って改善するはずです。しかし、特別指導される介護事業所はわかっていて改善に取り組まない又は改善の取り組みが不十分であるということなので確信犯です。税理士の立場から見てもこの場合、要注意先であるとわかると思います。

上記の２つの実地指導とは別に、社会福祉法人は社会福祉法第56条第１項の規定に基づいて、社会福祉法人指導監査が行われます。この指導監査は３年に１度行われることになっています。実地指導のように来るか来ないか曖昧なものではなく確実に行われます。社会福祉法人の場合、この指導監査のタイミングで同日に実地指導が行われます。社会福祉法人の役員に就任した場合や顧問契約を締結した場合は指導監査と実地指導は避けられないと考えて下さい。

【指導監査の流れ】

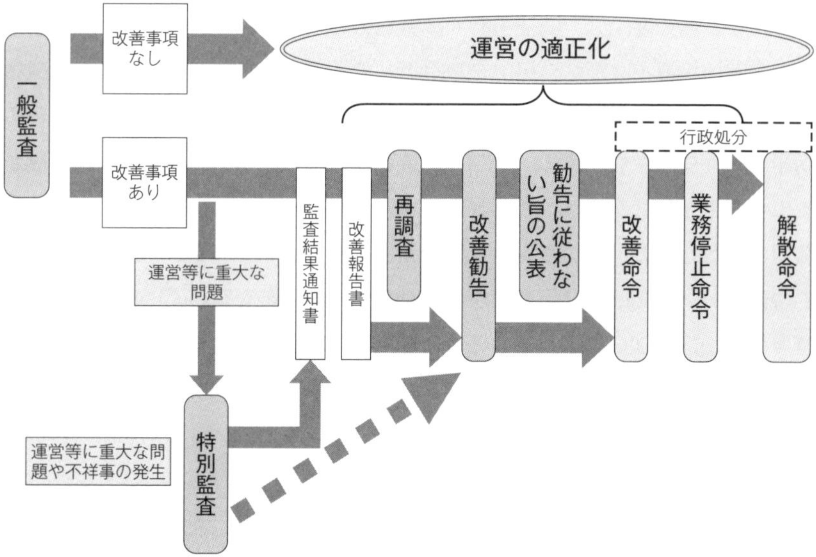

（出典：社会福祉法人に対する指導監督（厚生労働省ホームページ））

実地指導は調査官が介護事業所に来所して調査をするものですが、これに対して介護事業所を呼んで指導する集団指導というものがあります。これは年に１回程度開催されます。介護事業者の管理者が役所の会議室や指定された場所に赴いて指導を受けるのですが、指導といっても、集まった介護事業所に対してQ&Aの説明や注意喚起を行うものです。参加する介護事業所数は数百です。税理士会の研修をイメージしていただければ十分です。この集団指導に参加する介護事業所にとってのメリットは、情報収集ということはもちろんですが、集団指導に参加している優良な介護事業所と行政に認識してもらえることです（受付で参加票を提出するので、どの介護事業所が出席したのかわかる仕組みです）。

この集団指導に私は何度も参加したことがありますが、途中で帰ってしまう人や居眠りをする人などが結構いるので、優良な介護事業所というアリバイ作りに利用されている感じがしていやでした。ただし行政は「集団指導した」という事実を持つことになるので、その後介護事業所が介護保険上のミスをしてしまった場合には、さらなる指導や処分をしやすい状態になります。

実地指導は、通常開催前２～３週間くらい前までに事業所に通知書が郵送されます。通知書には、開催日時や調査官の名前が書いてあります。この予告ありの実地指導とは別に当日いきなり行われる無予告指導があります。通常は、前者です。税務調査でも、飲食店等の現金売上がある業種の場合、調査当日の朝早くに社長の家やお店にいきなり調査官が来ることはありますが、後者はまさにそのような状況です。税務調査の場合、税理士がすぐに駆け付けて税務署職員と話をして後日改めて調査を受けるという流れもありますが、実地指導は拒めません。所轄庁は介護事業所への立ち入りの権限を有しています。当日介護事業所にいきなり来るというのは、相当な理由があります。内部告発（例えば不正請求）や利用者からの情報提供（例えば虐待）を受け、その事実が重大な違反や悪質と考えてやってきています。最悪の場合は、介護事業所の許認可の取り消しまで発展する恐れもあります。

実施指導や指導監査は怖い、受けたくないと考えがちですが、介護事業所をつぶしてやろうと思ってくる調査官はいません。介護事業所を利用する高齢者のため、そして、介護事業所が正しく介護保険制度を理解して介護サービスを行わせるために行われます。その証拠に通常は和やかに実地指導が行われます。実地指導は、主に処遇と呼ばれるケアサービスの適切性、介護報酬の請求事務の適切性、会計経理の適切性がチェックされます。ケアサービスの適切性についての指導には、介護現場の主任クラスが対応します。

介護サービスはすべてケアプランという介護計画に基づいて行われます。特別養護老人ホームなどの施設でも、デイサービスや訪問介護などの在宅サービスでも同じです。ケアプランがなければ介護サービスを行ってはいけないルールです。そのためケアプランが初めにチェックされます。さらにケアプランは利用者本人や家族の同意がなければ実行できないので、同意の証拠である捺印の有無が非常に重要となります。さらにケアプランは３か月に１度は見直すことになっているので、きちんと更新されているかどうかもポイントです。

この一定のルールが適切に守られた上で、実際に介護サービスが行われているかの確認となります。確認方法は介護サービス実施の記録です。介護と一口で言っても、トイレ介助、お風呂介助、食事介助と言われる三大介助のほかにリハビリ、移乗介助、クラブ活動への参加、外出・外泊対応、医療的ケア、非常時対応、家族との連絡、面会対応、金銭管理……等と数え切れません。調査官も限られた時間の中で要領よく確認していく必要があるので、ケアプランに記載された内容が実際に行われたかどうかてきぱきと記録を見ていき、記録だけでは不明であれば介護主任やリーダーからヒアリングをして確認していきます。

実際にはケアプラン通りの介護を行っていなくても、例えば、架空の記録さえあれば実施指導は乗り切れるのではないかと悪魔のささやきに心揺らいでしまう人もいるかもしれません。しかし、そもそも不正を行う介護事業所は記録さえきちんとできない事業所です。小さな介護事業所であっても利用者は50人やそこらの登録者数がいます。ケアプランの調査は利用者全員ではなく、無作為に抽出されるのですべての書類を不正に作成するのはまず無理です。必ずどこかで整合性がとれなくなります。

例えば、特別養護老人ホームは最低週に２回入浴することになっています。しかし介護スタッフ不足から週に１回の入浴で、もう１回は清拭対応になっていたとします。このままでは改善の指導が来てしまうので、記録を改ざんして２回入浴したことにします。調査官は、２回入浴したことを別の書類で確認します。例えば高齢者がいつ入浴したかが記載された入浴表です。入浴表にはその時の利用者の体温や健康状態の記録、対応した介護スタッフやナース名や入浴時間の記載があります。その入浴表を見ながら、勤務表を見てそのスタッフが勤務となっているかの突合、さらにはお湯の塩素濃度の記録簿から実際に入浴準備がされていたのかを確認します。１つの事実に対して複数の書類（証拠）があるはずなのでなかなか完璧に不正をするというのは難しいと思います。そして不正行為は、調査官はもとより所轄庁を欺くという行為なので、わかったら最後、せっかく和やかに行われていた実地指導の空気は一転し大変な厳しい状況に陥ります。不正はせず、適切に介護サービスが行われていないのであれば正直に話して改善指導を受け入れてそれから改善していくことが一番良い形だと思います。

また、不正をする気持ちがなくとも安易に取り繕ってしまうこともやはり実地指導においてはアウトです。例えば、居宅介護支援事業所はケアプランを作成するという重要なポジションです。ケアプランの作成と簡単に言っても、その高齢者を支えているすべての介護事業所の担当者やかかりつけ医とのサービス担当者会議を経て調整を行って初めて作成されるものです。作成にあたって高齢者本人や家族の要望も聞く必要があります。ケアマネジャーは一人で約40人の利用者のケアプランを担当します。その40人に対して少なくとも月に１度は自宅を訪問してヒアリングを行って状況変化を察知しなければいけません。多忙極まりない状況です。その中で完成したケアプランに同意の印鑑が必要なのに明日から介護サービスが始まってしまうという状況の中で、後から家族に事後承認をもらえば良いと自分に言い聞かせて、ついつい認印を買ってきて自ら押印してしまうということがあります。そんなの調査官にわかるはずないと思われるかもしれませんが、実地調査の時にケアマネジャーの机の中に印鑑の束があるのを見られてしまいTHE ENDとなったケースがあります。軽い不正の気持ちであっても調査官からは悪意のある不正と思われてしまえば、今度は介護報酬の返還というお金の問題に発展し、遡及期間は５年間、返還額は数千万円となり倒産という最悪な事態となることもあります。

2. 実地指導当日について

実地指導は通常９時～16時に行われ１日～２日で終了しますが。規模が小さい介護事業所の場合、午前中のみや午後のみという短時間で終了することもあります。調査は複数人で行います。調査官は一人で複数の領域を調査することはなく、運営、処遇、会計等持ち場があります。お互いを手伝うことはしません（相談はしています）。まず来所すると調査官側、介護事業所側で挨拶と自己紹介が行われます。このとき通知書に記載されていない調査官がいると気になりますがそこはさりげなく聞いてみましょう。意外と不慣れな調査官の指導のための補佐という形で同行しているだけだったりします。

自己紹介が終わると事業所内の見学になります。小さな介護事業所の場合はあっという間ですが、大規模施設の場合は30分程度かけて見回ることになります。この時に何を見ているかですが、私の経験上、特別養護老人ホームの見学では下記の項目をチェックしているのではないかと思います。

・避難経路にモノが置かれていないか
・汚物バケツや危険物（ハサミ）は利用者の近くに放置されていないか
・医薬品や洗剤の保管は適切か（施錠できること）
・リネン庫に使用前と使用済みの寝具が一緒に保管されていないか
・防災用品（非常食、消火設備）が正しく備え付けられているか
・利用者が虐待を受けていないか（虐待とは殴ったり食事を与えなかったりという虐待はもちろんですが、例えばベッドからの転落を防止するために全ての箇所に柵を取り付けて高齢者一人では降りられないような状態になっていることや、徘徊する高齢者の事故防止のためにとテーブルを壁側に近づけて一人では車椅子を移動できないようにする苦肉の策は、身体拘束と考えられ虐待となります。じゃあ、事故が起きたらどうするのかと思われるかもしれませんが、これはスタッフの頻繁な見回り、センサーの設置、気遣い等介護技術やICTで対応しなければいけません。調査官から、「あなたたち介護のプロでしょう？」と真顔で言われます）
・個人情報は外部から見えないように保管されているか（施錠できること）
・ナースコールは外されていないか（またはすべてのベッドに正常な状態で

備え付けられているか）

・トイレにはペーパータオルが設置されているか（使いまわしの布タオルはNG。石鹸や洗剤の設置も不可）

・必要な掲示がなされているか（重要事項説明書、個人情報の取り扱い、勤務表等）

上記のチェックはあくまで利用者の目線で行われます。あたりまえですが、安全に利用できる環境かどうか、尊厳は守られているかどうかということです。どのあたりがチェックされるのかということは、調査に慣れてくるとごく当たり前のこととして認識できるようになります。経験のある介護職、看護職、相談員等は、実地指導前日や当日朝に現場を確認のために見回って不良であればてきぱきと「正しい姿」にしていきます。

細かい調査官はカーテンの防炎加工のラベルまで見ていきます。また、屋上の避雷針や貯水槽の確認をする場合もあります。調査官は前回と同じ人が来ることはありません。前回チェックされなかった事項も今回は指摘することもあります。税務調査と一緒ですね。避雷針の設置の確認は実際に私が受けたチェック事項です。避雷針はない施設でしたので、調査官からなぜ３階建てなのに設置していないのかという指導が入りました。そもそも特別養護老人ホームを建てた時に許認可を出しているのにいまさら何を言っているのだろうと内心腹を立てた記憶があります。残念ですが実地指導にはローカルルールというものが存在しています。読んで字のごとく地域で異なる内容の実地指導項目が存在していることがあります。さらに避雷針のように調査官によってもやはり異なる実地指導項目を指摘してくることもあります。文句を言ってもしょうがなく、根拠を示せとけんか腰になっては収まるものも収まらなくなるので、大人の対応を心掛けてください。

3. 運営管理体制の実地指導

介護事業所なので介護のことを重点にチェックすると思われるかもしれませんが、介護事業所の運営管理体制についてもしっかりと見ていきます。例えば、部屋がいくつかある場合は、防火管理者を決めて部屋の入口に防火管理者の名前を掲示する必要があります。掲示自体に意味があるかどうかは別問題です。また、最近は自然災害の被害が甚大になるケースが増えています。例えば浸水に対しての予防策です。土嚢の準備や浸水時の避難計画、防災訓練の実施と記録がチェックされます。防災訓練は利用者も参加した本格的なイベントとなります。

また新型コロナウイルスをはじめ介護事業所はインフルエンザウイルス、ノロウイルス等の感染症についても注意を払わなければいけません。入口にアルコール消毒や手洗いができる設備があるかどうか、嘔吐があった場合に速やかに対処できるように備品（使い捨て手袋や次亜塩素酸ナトリウム等）が準備されているかも重要です。防災や感染対策については、防災委員会、感染症対策委員会等が事業所内で定期的に開催され打合せを行っているかもチェックポイントとなります。

以外と盲点なのが消耗品や備品類の保管です。入所系施設や通所介護では静養室という隔離された部屋の設置が義務付けられています。ところがこの静養室は実際に静養のために使用するというケースは少ないので、物置きと化している例があります。使わなくなった備品や寄付でいただいたオムツなどそのまま無造作に置いて忘れ去られていることがあります。また、廊下に段ボールを山積みしてしまっていることもあります。新型コロナウイルス感染症の影響で、使い捨てマスクや手袋、消毒薬が手に入らなくなってきています。そうなると買えるうちに買って備蓄しておく必要があります。通常の状態であれば倉庫の容量は十分ですが、数か月分の備蓄となれば倉庫からあふれて倉庫の周りの壁に沿って置かれていく始末です。誰も責められませんが、調査官は淡々と調査して指摘します。

運営管理体制で最大の山場は、やはりスタッフの管理です。介護保険では、介護サービスの種類ごと人員基準が設けられています。一部の例外を除いて兼務は認められていません。人員基準は職種と資格、そして人数の３つの観点から成り立っています。

職種は、生活相談員、介護職員、看護師、栄養士等の職種のことを指します。介護サービスによって必要とされる職種は異なります。次に資格です。生活相談員は社会福祉士や社会福祉主事任用資格等、いくつかの資格のうち１つの資格を取得していれば良いことになっています。なお、例えば生活相談員必要数１名に対して、２名の生活相談員を配置している場合には２名のうち１名は無資格者でも生活相談員として従事することができます。介護職は訪問介護を除いて介護関係の資格の有無は問われていません。ここは意外と知られていません。看護師は国家資格の看護師と都道府県免許の准看護師があり、栄養士にも、国家資格の管理栄養士と都道府県免許の栄養士があります。どちらの資格者を雇用するかで加算が取れる・取れないといった報酬の問題に発展します。しっかりと資格証を確認しないで本来取れないはずの加算を取っていたことが明らかになれば指導の対象です。さらに介護職の場合、上級の国家資格である介護福祉士の有資格者が一定割合以上勤務していれば取れる加算もあります（例：通所介護の場合、サービス提供体制強化加算）。入退職が起こるとこの割合は簡単に変動してしまいます。運営側は常に意識しておく必要があります。指導の結果、単にお金の返還だけで済めば良いですが、悪質と判断された場合は指定取り消しになります。

最後に人員基準の人数です。人数は、その職種を最低○人配置していなければいけないという基準です。配置人数は常勤換算という方法で計算します。常勤換算とは就業規則で決められた１週間の勤務時間を「１」と計算する方法です。例えば１日の労働時間が８時間（休憩除く）、１週間で５日働く就業規則の場合は40時間が週の労働時間となります。この40時間働ける方を「常勤換算１」と呼びます。正社員は当然に常勤換算１です。一方でパートや短時間アルバイトといった就業時間や日数の少ない就業形態で働く方は、常勤換算１になりません。週の労働時間が40時間の事業所の場合、週20時間勤務するパート職員が１名いれば、常勤換算0.5となります。もし週20時間勤務するパート職員が２名いれば、２人を合わせて常勤換算１となります。常にこの常勤換算方法で人員基準をクリアしているか管理が求められます。

人員基準のチェックは、勤務実績表とタイムカードの突合で行われます。怪しいと思われた場合、賃金台帳や給与明細、源泉徴収票を証拠として提出するように要求されます。仮に不正を行っていなくても、タイムカードの打刻漏れ、勤務実績表の記入間違いなど事実とは異なる状態の証拠資料を作ってしまった場合は調査官の心象は悪くなります。痛くない腹を探られることになるので、書類の整備は最低限の実施指導対策となります。

以外と忘れがちなのが嘱託医の管理です。特別養護老人ホームの場合、常駐医師を配置できる余裕はないので近所の病院やクリニックから医師を派遣してもらって入居者の健康管理を委託します。1週間に1度施設に来所してもらい入居者の健診を行います。医師は非常に忙しいので施設に来所した時は看護職に連絡し、すぐに医務室に行ってしまいます。ただし、来所した記録は残しておく必要があります。しかし、タイムカードを打刻してもらうように言うわけにはいかないので、出勤簿を作成してサインをもらうようにします。ところがそれを書き忘れることが多々あります。これに気づけるのは事務方のみです。介護サービスの実地指導は現場任せという意識を持たないように事務方であっても自分事という習慣をつけていただく必要があります。

4. 介護サービスの実地指導

介護サービス（処遇）に対する実地指導はケアプラン中心に行われます。ケアプランは複数枚から構成される一連の書類で、一人の利用者に対して１つ作成されます。ケアプランの様式は施設系と在宅系で異なります。施設系は施設内のケアマネジャーが作成し、在宅系は居宅介護支援事業所のケアマネジャーが作成します。施設系サービスは施設内ですべてのサービスが完結する一方で、在宅系サービスは複数の介護サービスを組み合わせて利用するため、それぞれの介護事業所と調整を行って作成されます。在宅系のケアプランの場合は、実際の介護サービスを行うにはさらに書類が必要となります。在宅サービス事業所（通所介護、訪問介護、福祉用具等）の場合は、個別支援計画（個別サービス計画）という書類を作成します。ケアプラン、個別支援計画ともに利用者への説明と同意が不可欠です。以下は、介護サービスの始まりから終わりまでの流れです。

【ケアマネジメントのあり方】

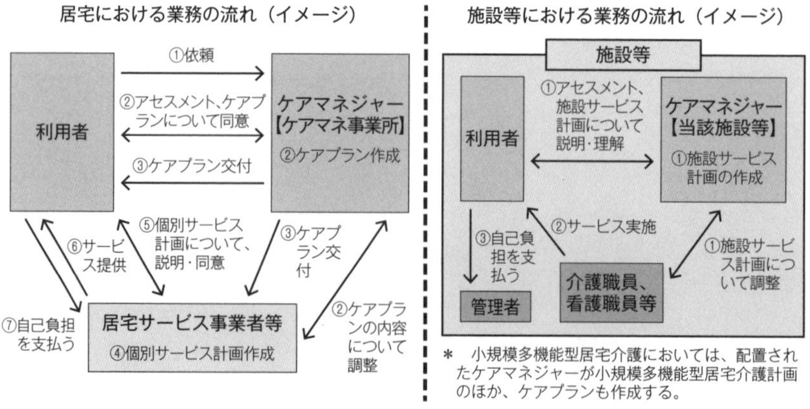

（出典：社会保障審議会　介護保険部会　参考資料3）

【施設系ケアプラン】

○ケアプラン帳票の位置付けと作成のポイント

帳票名	位置付け	作成のポイント
施設サービス計画書 (第１表)	・課題分析（アセスメント）で明らかになった課題を解決するためのケアプラン全体の方向性を示すものです。	・課題分析（アセスメント）の結果を踏まえていますか。 ・利用者や家族の意向が反映されていますか。
施設サービス計画書 (第２表)	・ケアプラン全体の中核となるもので、各サービスの個別計画の目標ともつながるものです。	・課題分析（アセスメント）に基づいてニーズを設定していますか。 ・ニーズ、目標、サービス内容は整合性が取れた内容となっていますか。
週間サービス計画表 (第３表)	・利用者の日常生活や家族の面会日などを含む施設サービスの全体的な配置を示すものです。 ・第４表「日課計画表」のどちらかを作成すれば良いことになっています。	・第２表に記載されたサービスの提供状況が週間計画としてわかりやすく表示されていますか ・利用者の１週間の生活が分かりやすく表示されていますか。 ・週単位以外のサービスを利用する場合に記載されていますか。
日課計画表 (第４表)	・施設における利用者の日常生活やサービス日課の全体的な配置を示すものです。 ・第３表「週間サービス計画表」のどちらかを作成すれば良いことになっています。	・日常的に実施するサービスと、その担当者を記載していますか。 ・日課以外のその他のサービスを記載されていますか。
サービス担当者会議の要点 (第５表)	・サービス担当者会議の要点を分かりやすく記載するものです。	・検討する項目は明確ですか。 ・検討した項目、検討内容や結論が分かりやすく記載されていますか。 ・結論や今後の課題は、ケアチーム全体で共有できる内容となっていますか。 ・会議に出席できないサービス担当者の所属・氏名・出席できない理由を記載していますか。 ・欠席者に検討項目の照会をした年月日、内容および回答を記載していますか。 ・利用者や家族の意向や満足度を確認していますか。
施設介護支援経過 (第６表)	・支援記録のほか、施設介護支援専門員が専門職としてケアマネジメントを進める上での判断・根拠を明らかにするものです。	・施設の正式な記録として記載されていますか。 ・項目ごとに整理され、誰が見ても分かりやすい記録になっていますか。 ・ケアプラン作成や変更時の判断や根拠について記載されていますか。 ・利用者や家族の感情や意向なども記載されていますか。

（出典：「東京都介護支援専門員業務の手引（施設編）」第2章：業務の手引（目的、手順、ポイント））

【在宅系ケアプラン】

	表　題	内　容	備　考
第１表	居宅サービス計画書(1)	・利用者及び家族の生活に対する意向 ・介護認定審査会意見等 ・総合的な援助方針	
第２表	居宅サービス計画書(2)	・生活全般の解決すべきニーズ ・上記ニーズに対応した目標 ・　　〃　　援助内容	
第３表	週間サービス計画表	・週単位の支援やサービスの時間帯を、曜日と時間の表中に記載 ・利用者の生活活動とサービス提供状況をわかりやすくする	主な日常生活上の活動も記載 週単位以外のサービスも記載
第４表	サービス担当者会議の要点	・出席者・欠席者とその理由 ・検討項目、照会内容、回答、検討内容、結論 ・残された課題　等	目標の明確化 ・留意点 ・連携、評価時期
第５表	居宅介護支援経過	・モニタリングを通じて把握した、利用者やその家族の意向・満足度等、目標の達成度、事業者との調整内容、居宅サービス計画の変更の必要性等	状況、介護支援専門員、サービス提供者等の判断、利用者、家族の反応が明確になるように記載
第６表	サービス利用票（兼居宅サービス計画）	・サービス時間帯、サービス内容 ・サービス事業者名、月間実績記録	
第７表	サービス利用票別表	・区分支給限度額の管理 ・利用者負担の計算	

（出典：「東京都介護支援専門員業務の手引（居宅編）」第2章））

税理士としてこの指導にタッチすることはありませんが、指導を受け介護報酬の返還に発展した場合は会計や税務に影響を及ぼすので、介護サービスに対する実地指導では何が行われていて、何がポイントなのかを知っておくことに損はありません。

さて、このケアプランや個別支援計画がなぜ実地指導で指摘されやすいかですが、やはりケアプランや個別支援計画が介護サービスのすべての出発点にあるからだと思います。ケアマネジャーや介護サービス提供者の独りよがりなプランでは利用者本位とはなっていませんし、不要な介護サービスや利用回数を記載された事業者の利益を追求したプランでもいけません。そして、これらのケアプランや個別支援計画は定期的な見直しが要求されています。具体的には、ケアプラン作成⇒介護サービスの提供⇒利用者の状況を評価⇒介護サービスの内容や量を見直し、というPDCAサイクルの手法によって見直されます。実際にこのPDCAを回すのは大変なことです。大変なことゆえにおざなりになりがちで、その結果ケアプランが実態に則さずに惰性で介護サービスが提供されてしまい利用者のためになっていない状況が危惧されます。これを防ぐために実地指導が行われます。

介護報酬の加算が厳しくチェックされるのも同じ理由です。加算はプラスアルファの報酬です。無資格の介護職員がいるよりかは介護福祉士が多くいればより良い介護サービスが提供されるはずです。管理栄養士がいれば栄養マネジメントが行われ、機能訓練指導員がいれば個別機能訓練が実施できるはずなので、その分報酬を多くもらえます。サービスの担保として必要な人員がいなければプラスアルファのサービスはできるはずはないという考えのもと、人員は配置されているのかの確認、プラスアルファのサービスをしたのならばその実施記録があるはずという流れです。考えてみてください。当たり前のことをしていれば、実地指導は怖くないということがわかると思います。

よくテレビのニュースで流れる身体拘束や虐待は誰が見てもいけないことだと思うはずです。介護事業所で起これば重大な問題です。しかし、ベッド柵の設置や車椅子とテーブルの位置等、知らず知らずに身体拘束、虐待と認定されるケースもあります。利用者が自分の意思で移動できなければ身体拘束に当たるからです。ただし、認知症状とともに自傷行為がある利用者等やむを得ない場合については、特例として身体拘束を認める場合があります。その場合でも、記録を行うことが求められています。そして、3か月に1度、身体拘束適正化委員会を開催して、議事録を保管する義務があります。

調査官は介護職ではないので介護技術について指導はしません。しかし、さきほどのケアプランや身体拘束のルールのように「こうあるべき」ということを理解しています。たった1日来て、書類だけのチェックでわかるはずはないという思い込みや油断は禁物です。ポイントを押さえて確認していきますので、正直に実地指導を受けることが何よりも大切なこととなります。

5. 会計の実地指導

会計は大きく２つのことに注意すれば実地指導で怖いものはありません。１つ目は、複数の拠点がある場合に拠点ごとに経理をしなければいけないことです。簿記の用語でいうと本支店会計となります。２つ目は、介護サービスの種類によって経理をしているかどうかです。同じ敷地内で複数の介護サービスを提供している場合は、介護サービスを区分しなければいけません。同じく簿記の用語では部門会計となります。なお、同じ拠点介護サービスの区分が求められているのは損益計算で貸借対照表はまとめて拠点１本で作成しても問題ありません。同じ拠点で例えば事業所家賃や水道光熱費等全体に係る経費は按分を行います。按分の比率は延べ利用者数割合や使用面積で行います。厳密にこの勘定科目にはこの按分割合を用いなければならないというルールはないので、事業所として合理的割合だと調査官に説明できるのであれば任意の按分割合で構いません。

ただし社会福祉法人の場合の会計の実地指導は少し厄介です。理由は、会計ルールが社会福祉法人会計になるからです。また法人には経理規程という経理のルールを作成する決まりになっています。この自分で作った経理のルールに則って日々の経理が行われているかどうか厳しくチェックされます。そのほか、毎月の月次試算表の作成、そして、前期の決算報告書、注記、附属明細書等が法律に則って作成され内容も辻褄があっているのか確認されます。介護サービスの実地指導は膨大な量が対象で大わらわですが、会計はいたってシンプルなので粛々と進められます。

その他の会計の実地指導内容は、発生主義で経理されているか、仮払金は年度をまたがらずに精算されているか、小口現金の管理は適切か等です。税理士の立場であれば恐れるものは何もありません。

6. 運営に対する指導

運営指導は、社会福祉法人の指導監査で行われます。主に理事会の開催状況と業務執行状況が問われます。理事会の開催状況は評議員や監査も含めて役員が定期的に集まって法人や事業所のことをまじめに議論しているかどうかです。役員の中には年に一度も出席しない方もいらっしゃいますが、この場合間違いなく指導の対象となります。理事会で決めなければいけない高額な契約等適切に審議をして決定しているか、業者の契約書と照らし合わせながら確認されます。

監事として就任している場合は、この運営に対する指導にかかりっきりになるかもしれません。ただし、通常の理事監事はほとんど法人や介護事業所に不在なので業務執行理事が対応することが多くなります。

7. 実地指導や指導監査の終了

実地指導や指導監査の最中は、介護事業所の担当者が同席して対応します。調査中に発見した軽微なミスはその場で口頭による修正指示が行われて終わりになります。しかし、軽微とはされないミスや指摘事項は、指導終了後の講評という時間に、各調査官が作成した指摘事項を読み上げて全体に周知させます。後日読み上げられた指摘事項は書面となって介護事業所に郵送されます。改善が必要は指摘事項については、その後改善報告書を提出することになります。通常はこの改善報告書の提出をすることですべての実地指導が完了となります。

【第 10 章】

団塊ジュニアが高齢者になるまでの介護保険制度のロードマップ

——令和3年度の介護保険法改正案の内容

1．介護保険制度が直面する問題

2019年11月14日に開催された社会保障審議会介護保険部会（第85回）では、「論点ごとの議論の状況」として、今後の介護保険制度の問題点と基本的な視点をわかりやすくまとめています。以下に要約しました。

介護保険制度創設から早20年が経過し、制度が浸透するにつれて介護保険を利用する高齢者も増えました。制度創設時（2000年）の利用者数約149万人、これに対して現在（2018年）の利用者数は約488万人と3.3倍に増加しています。介護保険は高齢者の生活を支える身近な制度になっています。日本の人口は減少の一途をたどる中でも、高齢者数は今後も増加し続けます。介護保険では、1947年～1949年生まれのいわゆる団塊の世代が75歳以上となる2025年が１つの山場だと考えられています。介護難民、医療難民と受け皿が足りなければ大問題となります。そこで、介護が必要になっても住み慣れた地域で引き続き暮らせるように、医療・介護・介護予防・住まい・生活支援が包括的に提供される「地域包括ケアシステム」がその受け皿となれるように、声高にその構築が叫ばれてきました。

一方で1971年～1974年生まれのいわゆる団塊ジュニアの世代が65歳以上となる2040年がもう１つの山場です。このころは高齢者人口がピークを迎えます。高齢者人口がピークであることはすなわち介護ニーズもピークと考えられます。昨今問題視されている世帯主が高齢者の単独世帯、高齢夫婦のみの世帯、認知症の増加等がさらに大きな社会問題に発展し、介護サービスの需要はひっ迫すると予想されます。

しかし、視点を変えて日本全体を俯瞰した場合、介護ニーズは都市部では増え、地方では減少に転じると予想されます。総務省自治行政局・地方制度調査会ヒアリング「2040年頃までの全国人口見通しと近年の地域間人口移動傾向」によると都道府県別の2045年の推計結果は、東京を除くほぼすべての道府県で人口減少を予想しています。この地域差は介護サービス事業者の進出問題に影響を及ぼします。需要が減少する地方都市への進出は、介護事業者にとって採算がとれなければ中止・撤退をしてしまう恐れもあります。

【都道府県別推計結果－2045年の総人口指数（2015年＝100）－】

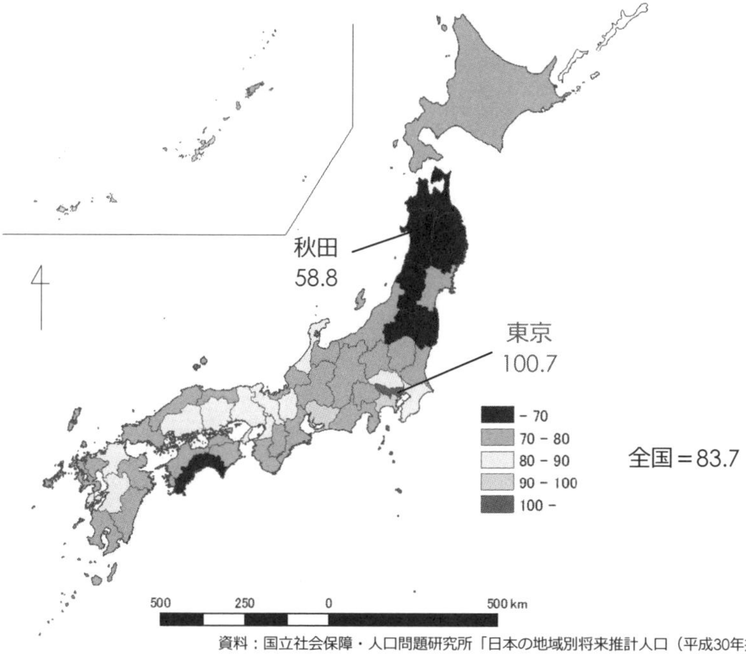

資料：国立社会保障・人口問題研究所「日本の地域別将来推計人口（平成30年推計）」

そしてもう１つ大きな問題があります。人口減少はそのまま介護の支え手である介護従事者数の減少にもつながります。介護事業所があっても働き手がいなければ介護サービスの提供はできません。需要と供給の大きなアンバランスはせっかく優れた制度を壊してしまいます。

そこで、その地域・コミュニティに暮らす人、働く人たちの多様性や一人ひとりの個性を尊重し、つながっていく社会、そして、全ての人の生きる力と可能性を最大限に発揮できる「地域共生社会」の実現が解決の道筋であると考えられています。この地域共生社会は「高齢者介護、障害福祉、児童福祉、生活困窮者支援などの制度・分野の枠や、「支える側」、「支えられる側」という従来の関係を超えて、人と人、人と社会がつながり、一人ひとりが生きがいや役割を持ち、助け合いながら暮らしていくことのできる包摂的な社会である。」とされています。

2. 国が推進する介護保険制度の見直し

国は、地域共生社会の実現を目指しつつ、2025年と2040年を見据えて、下記の視点から介護保険制度を維持させるため、制度の見直しと改善を行っていきます。

① 介護予防・健康づくりの推進（健康寿命の延伸）

② 保険者機能の強化（地域保険としての地域のつながり機能・マネジメント機能の強化）

③ 地域包括ケアシステムの推進（多様なニーズに対応した介護の提供・整備）

④ 認知症施策の総合的な推進及び持続可能な制度の構築・介護現場の革新

上記を踏まえて、2020年２月21日に社会保障審議会介護保険部会（第90回）が開催され、令和３年度の介護保険改正に向けた議論の口火が切られました。その後各介護サービスの問題点、AIの導入等、将来に向けて介護保険制度を持続させていくため、2020年12月まで議論が行われました。

1 介護予防・健康づくりの推進

まず、介護を必要とする状況を作らないこと、そして、健康な高齢者を増やすことが大切です。このためには、健康の維持・増進が重要となります。健康とは体も心も共に健康であることが大事です。そのため、運動や機能訓練等の体を健康にする施策、サロンや趣味等を通じて人と人が文化的に交流する社会の場作りの施策が必要です。

これらの施策は重要である一方で、サロンや趣味活動等の１つ１つの事業規模は小さいためお金はあまりかけられません。そこで、住民や有償ボランティアの活用が促されます。住民や有償ボランティアに継続してサポートしてくれる動機付け、そして、利用する高齢者にも運動やサロンに通う動機付けとしてポイント付与を行って買い物や支払いに使えるようなアイディアが検討されています。せっかく行われる介護予防事業は大きな情報の集まりとなるため、PDCAサイクルを取り入れて検証を行いながら改善を進め、得られたデータはビッグデータとして利活用されていく見込みです。この地域住民主体の介護予防・健康づくりの推進事業は、市区町村が管轄する地域包括支援センターを通じて介護予防・日常生活支援総合事業としてすでに実施されている自治体もありますが、数としてはまだまだ不足しています。

また、介護予防のための運動についても単に実施すれば良いというものではなく、専門職によるアセスメントと適切な指導が必要です。地域の医療機関やリハビリテーション施設等と連携が求められます。介護予防にもケアマネジャーが作成する介護予防ケアプランがあるため、予防に取り組む高齢者が幅広く様々な通いの場を利用できるようにケアマネジャーに情報が集まるようにする必要があります。

国は、国の事業ではなく地域に密着した市区町村や住民が行う施策であるという認識です。国が行うと全国一律のシステムとなってしまい、せっかくの地域の多種多様性が失われてしまいます。市区町村や住民主体で進めるとなるとなかなかスピードがあがるものではないですが、地域に暮らす人々が自分事として捉えて地域に貢献していくという意識改革が求められていることになります。

2 保険者機能の強化

保険者とは、介護保険者のことです。介護保険者とは介護保険制度の運営を行っている全国の市町村および特別区（東京23区）（以下、市区町村等）のことです。実地指導はどこが実施しているかというと介護保険者（市区町村や都道府県）です。運営を行う責任として、実地指導を通して介護事業所が適切に介護サービスを行っているかチェックする構図となっています。この保険者の機能を強化することで先に挙げた、予防・健康づくりの取組みの推進や介護サービス基盤の整備を行わせようと考えています。

さて、2018年４月から全国で始まった「介護予防・日常生活支援総合事業」（以下、総合事業）は、市区町村等が主体です。全国一律のサービスではないため、当然、積極的に取り組むところとそうでないところが出てきます。そこで、市区町村等にはPDCAサイクルで総合事業に取り組んでもらい、良好な事例を増やしていき、取り組みが不十分な市区町村等にも総合事業に取り組みやすくする必要があります。また、市区町村等の財政を支援するために積極的に取り組む市区町村等に保険者機能強化推進交付金（インセンティブ）を交付することでより取り組みやすいように予算措置が行われる予定です。

さらに厚生労働省や介護保険者側では、要介護認定情報や介護保険レセプト情報、介護保険関連データベース（VISIT、CHASE。2021年４月より２つは統合されLIFEに名称変更）がすでに運用されています。これらのデータを医療のレセプト情報・特定健診等情報データベース等と連結して解析ができるように準備が進められています。集められたビッグデータは、今後導入予定の「アウトカム評価」と組み合わされて、有効なケアプランの在り方、介護度の改善効果のあるリハビリ内容といった、効率的な介護サービスの導入に利用されることになります。介護事業者として現状維持の介護サービスの提供ではこれから訪れる変化の荒波は乗り切れません。

介護サービスはこれまで長年の経験や勘という、数値に置き換えにくい要素で計画されて実行されてきました。もちろんそれらを否定するものではなく、要介護状態にさせないための健康推進と予防対策、要介護状態の改善に寄与してきました。しかし、経験や勘を数値に置き換え、データベース化することで科学的な見地から介護サービスを提供できるようになります。好事例は、横展開できます。おのずとケアプランや介護サービスは、今とは異なる方法で質の向上が図られていきます。

介護サービスの基本はケアプランです。このケアプランの良し悪しでその後の高齢者の人生は変わります。要介護状態が改善すれば介護事業者に支払う介護報酬も減らすことができるので、国が危惧する介護保険の財政も好転します。その下地はすでに出来上がっています。2018年10月からケアプラン作成にあたってAIの導入が試験的に行われています。ケアマネジャーがゼロからケアプランを練るのではなく、一定の要素を入力するとAIがケアプランの素案を複数作成してくれます。素案を修正し実際に高齢者に則したケアプランとなり、いっそう効果のあるケアプランに仕上がります。その後提供される介護サービスもより効果のあるものとなり、要介護状態にさせないための健康推進と予防対策、重度化の防止として一定の質が確保されていることになります。

3 地域包括ケアシステムの推進

介護保険制度が始まり、数多くの種類の介護サービスが誕生しました。介護が必要になった方が入所できる従来の特別養護老人ホームがある一方で、まだ介護が不要という方も入れるサービス付き高齢者住宅は画期的なサービスだと思います。また、住み慣れた家に住み続けたいという高齢者も一定数いらっしゃり、在宅サービスと呼ばれる訪問介護や通所介護等ニーズに合わせて受けられる介護サービスはもはや生活に不可欠なサービスです。ただし、人口減少が起きる日本においては、介護スタッフの確保問題があります。すでに、100床の特別養護老人ホームを開設したはいいが、介護スタッフが確保できずに全館オープンできない事態も出ています。多額の補助金を出して作ったのに活用されないとあっては地域にとって不幸です。介護サービスは、国のセーフティネットを担っています。行政も事業者も効率的な介護サービスの整備を行い、介護サービスの質の向上に取り組んでいかなければいけません。

介護サービスとともに地域に不可欠なサービスは医療サービスです。介護サービスの中にも医療系サービスとして、介護老人保健施設、介護医療院、訪問看護、訪問リハビリテーション等があります。昨今、医療・介護の連携と言われて久しいですが、まだまだ発展途上の状態です。そこには勘や経験に頼る介護とデータやエビデンスに基づく医療という相反する考え方が原因にあるのかもしれません。介護業界へのICTの本格的導入はこれからですが、始まっているAIの導入やビッグデータの活用によって、1年1年で大きく前進していくはずです。介護保険制度の今後は市区町村の在宅医療・介護連携推進事業を通じて、数値で確認できる、介護状態を改善する有効な介護サービスに変わっていくものと考えられます。

4 認知症施策の総合的な推進及び持続可能な制度の構築・介護現場の革新

認知症高齢者等は2012年で約462万人、2025年には約700万人（約20%）となると推計されています。65歳以上高齢者の約5人に1人が認知症という見込みです。認知症と聞くと怖いと感じる人はまだまだ多いと思いますが、厚生労働省主導のもと、全国で認知症サポーター養成講座が開催されています。

認知症サポーターとは、認知症を正しく理解し、認知症の本人や家族を地域や職域で温かく見守る応援者です。講座修了者には認知症サポーターの証であるオレンジ色のブレスレット「オレンジリング」を交付します。認知症高齢者等にやさしい地域づくりに取り組みが始まっています。

また、認知症高齢者等を家族に持つ場合、介護者の負担軽減が重要です。その軽減対策として介護サービスを利用するほかに、介護者に対して、認知症カフェ、家族教室や家族同士のピア活動等の取り組みの推進が欠かせません。

3. 2021年度介護報酬改定に向けて

2020年11月16日に第193回社会保障審議会介護給付費分科会が、2020年11月26日に第194回社会保障審議会介護給付費分科会が、そして2020年12月2日に第195回社会保障審議会介護給付費分科会が矢継ぎ早に開催され、介護報酬改定の具体的な内容が明らかになりました。顧問先となりやすい介護サービスについてその内容と今後考えられる事業者の方向性について考えてみます。

なお、執筆段階においては審議報告の段階であることから、必ず令和３年４月１日以降の決定した内容をご確認ください。

まず、大きなポイントとして、基本報酬がアップされました。改定の都度、基本報酬が下がる方向にあったので、非常に明るいニュースとなりました。アップ率は全体で0.7%です（0.7%のうち0.05%は新型コロナウイルス感染症対応分として令和３年９月30日までの期間限定のアップ）。

1 通所介護・地域密着型通所介護

(1) 個別機能訓練加算の見直し

現行の個別機能訓練加算（Ⅰ）（Ⅱ）を統合して、小規模事業所でも必要な人員を確保できるように、専従１名以上（配置時間帯の定めなし）に見直します。利用者の心身の状況に応じて項目設定ができるように、身体機能向上・生活機能向上のいずれかを目的として設定するのではなく、両者を柔軟に組み合わせて設定できるようにします。「個別」の機能訓練であるから、５人程度以下の小集団や個別で機能訓練指導員が直接実施します。ただしこれまで個別機能訓練加算（Ⅰ）（Ⅱ）の両方を算定していた事業所もあることをふまえて、人員配置につき、常勤・専従１名以上（サービス提供時間帯を通じて配置）を要件とする上位区分が設けられます。

ただし、上位区分を算定する条件として、算定対象の利用者についてLIFE（旧CHASE・VISIT）の利用が必要となります。その他の算定条件等詳細については必ず令和３年４月１日以降の公表された情報でご確認ください。

【個別機能訓練加算の内容】

	個別機能訓練加算(Ⅰ)	個別機能訓練加算(Ⅱ)
目的	○ 座る・立つ・歩く等ができるようになるといった身体機能の向上を目指すことを中心に行う。	○ 利用者が居宅や住み慣れた地域において可能な限り自立して暮らし続けることができるよう、身体機能の向上を目的として実施するのではなく、 ① 体の働きや精神の働きである「心身機能」 ② ADL・家事・職業能力や屋外歩行といった生活行為全般である「活動」 ③ 家庭や社会生活で役割を果たすことである「参加」 といった生活機能の維持・向上を図るために行う。
訓練内容	○ 利用者の自立の支援と日常生活の充実に資するような複数メニューから選択できるプログラムの実施が求められる。	○ 生活機能の維持・向上のための訓練を効果的に実施するためには、実践的な訓練を反復して行うことが中心となるため、身体機能を向上させることを目的とした機能訓練とは異なる。 ○ 実際の生活上の様々な行為を構成する実際的な行動そのものや、それを模した行動を反復して行うことにより、段階的に目標の行動ができるようになることを目指すことになることから、事業所内であれば、実践的訓練に必要な浴槽設備、調理設備・備品等を備えるなど、事業所内外での実地的な環境下で訓練を行うことがのぞましい。 ○ 従って、例えば単に「関節可動域訓練」「筋力増強訓練」といった身体機能向上を目的とした目標ではなく、「週に１回、囲碁教室に行く」といった具体的な生活上の行為の達成が目標となる。また居宅における生活行為（トイレに行く、自宅の風呂に一人で入る、料理を作る、掃除・洗濯をする等）、地域における社会的関係の維持に関する行為（商店街に買い物に行く、孫とメールの交換をする、インターネットで手続きをする等）も目標となり得る。
【個別機能訓練加算(Ⅰ)と(Ⅱ)の関係性】		
○ 個別機能訓練加算(Ⅰ)と個別機能訓練加算(Ⅱ)をそれぞれ算定する場合は、それぞれの加算の目的・趣旨が異なることから、別々の目標を明確に立てて訓練を実施する必要がある。		

「通所介護、地域密着型通所介護及び短期入所生活介護における個別機能訓練加算に関する事務処理手順例及び様式例の提示について」（平成27年３月27日老振発0327第２号）より抜粋

（出典：通所介護・地域密着型通所介護・認知症対応型通所介護の報酬・基準について）

個別機能訓練加算（Ⅰ）は１日あたり46単位（約460円）、個別機能訓練加算（Ⅱ）は１日あたり56単位（約560円）です。通所介護事業所のうち大規模型（Ⅰ）と呼ばれる１か月当たりの延べ人数が751名以上の通所介護事業所の場合43.5%の事業所が、また、１か月当たりの延べ人数が901名以上の大規模型（Ⅱ）の場合37.5%の事業所が個別機能訓練加算（Ⅰ）と個別機能訓練加算（Ⅱ）の両方を算定しています。（Ⅰ）と（Ⅱ）が統合された個別機能訓練加算Ⅰロを算定した場合85単位／日となります。単純計算ですが、改正後は改正前に比べて、751名×（46単位＋56単位－85単位）×10円＝127,670円／月、年間では約153万円の売上減となります。処遇改善加算や特定処遇改善加算は請求する介護報酬単位に割合を乗じるため、実際の売上への影響はさらに大きくなります。指導方向として、当然に新設される上位区分の加算の算定を狙いに行く必要があります。

一方で、個別機能訓練加算（Ⅰ）も個別機能訓練加算（Ⅱ）も算定していない事業所もあります。小規模の通所介護事業所に多くみられます。これまで、機能訓練指導員を常勤又は専従により配置することが難しいため見送っていました。今回の改正により、機能訓練指導員の配置時間の定めがなくなったことから時間帯を絞って配置して、効率的な個別機能訓練を実施することで売上ア

ップが期待できます。

【通所介護・地域密着型通所介護　個別機能訓練加算（Ⅰ）（Ⅱ）の算定率・算定しない理由】

○　個別機能訓練加算の算定率は、規模の小さい事業所ほど低い傾向にあった。
○　個別機能訓練加算を算定しない理由をみると、加算（Ⅰ）・加算（Ⅱ）とも「機能訓練指導員を常勤又は専従により配置することが難しいため」が最も多く、それぞれ59.7%、56.3%であった。

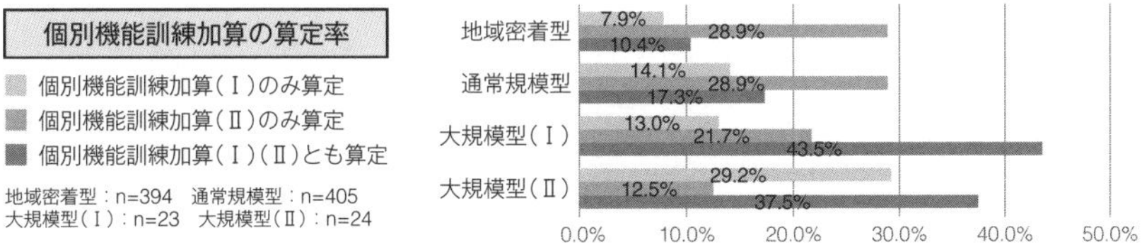

（出典：通所介護・地域密着型通所介護・認知症対応型通所介護の報酬・基準について）

⑵ 入浴介助加算の見直し

通所介護は、入浴を目的として利用される方が多く、私のクライアントでもお風呂に特化したデイサービスを展開している事業所があります。今回その入浴に対して見直しが行われます。高齢者が入浴する際に介助を行うと入浴介助加算が算定できます。国としてはこの入浴を単なる入浴にとどめずに機能訓練として位置づけ、自立での入浴や自宅での入浴を促進させたい考えのようです。最終的には高齢者が介助を必要としない自立入浴や自宅でも家族の支えを借りて入浴ができるように持っていきたいのではないでしょうか。長い目で見れば、通所介護で入浴を利用する方が減っていくことが想定されます。

【通所介護・地域密着型通所介護・認知症対応型通所介護の入浴介助加算算定率】

論点④

■　通所介護・地域密着型通所介護・認知症対応型通所介護の入浴介助加算算定率（※）は、

・通所介護	事業所ベース：94.5%	回数ベース：71.5%
・地域密着型通所介護	事業所ベース：77.8%	回数ベース：56.2%
・認知症対応型通所介護	事業所ベース：98.1%	回数ベース：77.3%
・介護予防認知症対応型通所介護	事業所ベース：69.8%	回数ベース：60.7%

と非常に高くなっている。

■　事業所の中には、単に利用者の心身の状況に応じた入浴介助を行うのみならず、利用者が自立して入浴を行うことができるよう、自宅での入浴回数の把握や、個別機能訓練計画への位置付け等を行っているところもある。

■　これらを踏まえ、入浴介助加算の在り方について、どのように考えるか。

※算定率（事業所ベース）：各加算算定事業所数／通所介護算定事業所数（介護保険総合データベースについて任意集計を実施）

※算定率（回数・日数ベース）：各加算算定回数・日数／通所介護算定総回数（介護給付費実態統計（月報・第10表／平成31年３月サービス提供分））

（出典：通所介護・地域密着型通所介護・認知症対応型通所介護の報酬・基準について）

今回の論点としては、従来の入浴介助加算は残したまま、新たに上位の入浴介助加算を設けることにあります。従来の入浴介助加算は、１日あたり50単位（約500円）です。ただし、従来の入浴介助加算は１日あたり40単位（約400円）へ減額されます。このため、新たな上位の加算を算定しなければ売上は減少します。上位の加算は、１日あたり55単位です。積極的にこの上位の加算を算定したいところですが、加算算定のためには個別入浴計画を作成しなければいけません。この個別入浴計画は通所介護事業所の入浴介助のみならず、自宅のお風呂への入浴環境を踏まえた計画となるので利用者宅のお風呂を確認したり、家族からの介助についてもヒアリングしたりして作成する必要があります。手間がかかります。そうは言っても、上位の加算を算定できなければ単純に売上は減ってしまうので顧問先には取り組んでいただく必要があります。

その他の改正点として、通所介護では地域等との連携が検討されています。これは報酬や加算といった話ではないですが、通所介護を利用される方が社会参加活動を実施したり、地域住民との交流を図ったりして心身機能の維持向上に資するのみでなく、要介護状態となっても社会で役割をもつことができるようになると考えられています。併せて介護事業所が地域に開かれた場になることが期待されます。

2 訪問介護

(1) 訪問介護 通院等乗降介助の見直し

訪問介護には身体介助や生活介助のほかに車への乗り降りを介助する通院等乗降車介助があります。通院とあるので、あくまでも病院の行き帰りの介助となります。この通院等乗降車介助は、算定要件が厳しくされておりそもそもケアプランに計画されていないと使用できません。ケアプランに計画されている場合でも、病院を複数通院するときは、一度自宅に戻ってから出直さないと算定できないものです。通院等乗降解除は、片道98単位（約980円）です。

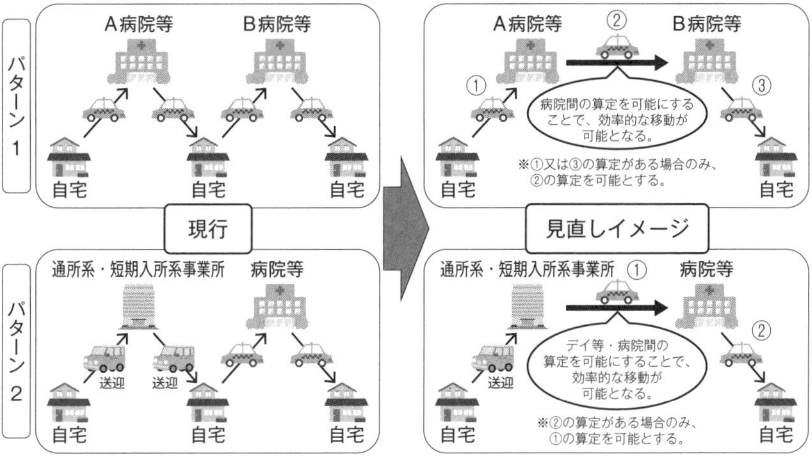

（出典：社会保障審議会-介護給付費分科会第189回（令和2年10月22日）資料1 訪問介護・訪問入浴介護の報酬・基準について（検討の方向性）22ページ）

この「１度自宅に帰る」という仕切り直しは、利用者にはとても不便です。そのため、利用者の身体的・経済的負担の軽減や利便向上の観点から、上記の①＋②又は②＋③のように、自宅が始点又は終点になる場合には、病院等から病院等への移送や、通所系・短期入所系サービス事業所から病院等への移送についても、介護報酬が算定できるように検討することになりました。

⑵ 訪問介護の看取り期における対応の充実

訪問介護には、２時間ルールというものがあります。これは、訪問終了から次の訪問開始まで２時間以上空けて訪問するというものです。訪問介護の報酬の特徴として、サービス提供時間が短時間であれば時間単価あたりの報酬は高く、逆に長くなると時間単価あたりの報酬は低くなります。

例えば、午前中に30分未満の身体介助を実施すると249単位（約2,490円）の報酬となります。２時間以上空けて午後に改めて30分未満の身体介助を実施すると、さらに249単位（約2,490円）の報酬が得られます。１日の報酬は合計498単位（4,980円）です。ところが、２時間空けないで２回の介護サービスを提供した場合、介護サービスを提供した時間は合算され、１回の連続したサービスとなります。その結果、１時間未満のサービスとして算定されます。この場合、得られる介護報酬は395単位（約3,950円）となります。約1,000円の減額です。

【サービス提供内容・時間に応じた基本サービス費】

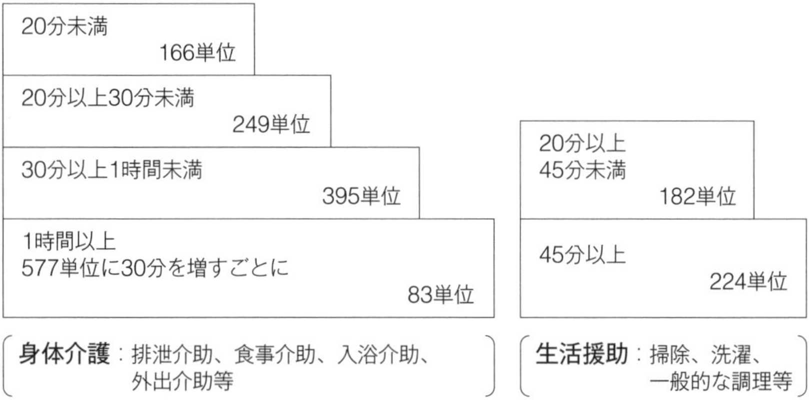

２時間ルールを守らなければ、同じ介護サービスを提供しているのに、売上が減るということになるので、訪問介護事業所はこの２時間ルールを守りながら経営をしています。しかし利用者がターミナル（看取り期）となった場合、訪問回数は頻回となります。利用者自身で行うことが困難になる水分補給（特に夏場の場合）や、痛みの緩和のための体位変換・部分浴を行うことが増

えるからです。

【ターミナル期の訪問介護プランの一例】

午前	8：00	食事介助・服薬介助・排泄介助	
	9：00		
	10：00	訪問看護	
	11：00		
午後	12：00	食事介助・服薬介助	2時間未満の間隔での訪問介護
	13：00		
	14：00	水分補給・体位変換・排泄介助	2時間未満の間隔での訪問介護
	15：00		
	16：00	水分補給・体位変換・部分浴	
	17：00		
	18：00		
	19：00	食事介助・服薬介助・排泄介助	
	20：00		

この2時間ルールを弾力的に運用することで訪問介護事業所は間隔を意識せず（売上減を気にすることもなく）、利用者に寄り添った介護サービスが提供できると期待されます。詳細については今後発表される内容をご確認ください。

3　認知症対応型共同生活介護（グループホーム）

(1) ユニット数の弾力化とサテライト型事業所の創設

今後さらに高齢化が進み、認知症高齢者が増大すると予測されるため、地域の実情に応じてグループホームの供給量を増やして、より利用者に身近な地域でサービス提供が可能となるようにサテライト型事業所が設置できるようなります。これは、グループホームにとってはチャンスです。また、経営の効率化の観点から、本体とサテライトの管理者を兼務できるようになります。このことから、事業所の規模拡大が可能となります。本体についても、ユニット数を「1又は2（例外的に3）」から「3以下」と設置数が緩和されます。その結果、本体が3ユニット、サテライト型事業所数は2ユニットまで設置が可能となります。

検討されている設置基準は下記の通りです。

【(介護予防）認知症対応型共同生活介護（グループホーム）追加（案)】

<table>
<tr><td>サテライト型事業所の本体となる事業所</td><td>認知症グループホーム
※　事業開始後１年以上の本体事業所としての実績を有すること、又は、入居者が当該本体事業所において定められた入居定員の100分の70を超えたことがあること</td></tr>
<tr><td>本体１に対するサテライト型事業所の箇所数</td><td>最大２箇所まで</td></tr>
<tr><td>本体事業所とサテライト型事業所との距離等</td><td>自動車等による移動に要する時間がおおむね20分以内の近距離
本体事業所と同一建物や同一敷地内は不可</td></tr>
<tr><td>サテライト型事業所の設備基準等</td><td>本体事業所と同様</td></tr>
<tr><td>指定</td><td>本体、サテライト型事業所それぞれが受ける
※　医療・介護・福祉サービスについて３年以上の実績を有する事業者であること
※　あらかじめ市町村に設置される地域密着型サービス運営委員会等の意見を聴くこと</td></tr>
<tr><td>定員</td><td><table>
<tr><td></td><td>本体事業所</td><td>サテライト型事業所</td></tr>
<tr><td>ユニット数</td><td>３まで</td><td>２まで</td></tr>
<tr><td>入居定員</td><td>１ユニットあたり５～９人</td><td>１ユニットあたり５～９人</td></tr>
</table></td></tr>
<tr><td>介護報酬</td><td>通常の（介護予防）認知症対応型共同生活介護の介護報酬と同額</td></tr>
</table>

（出典：認知症対応型共同生活介護（グループホーム）の報酬・基準について）

グループホームは入居型サービスであることから売上が一定化しやすく、安定的な経営に寄与します。規模が大きくなればその分安定的な売上も増えるので介護事業所にとっては朗報と言えます。

⑵ 人材の有効活用

グループホームには他の入所施設同様にケアマネジャーや夜勤スタッフの配置義務がありますが、認知症対応型という観点から手厚いスタッフの配置が求められ、介護報酬もその分多く手当されています。

（ケアマネジャー数）

		（介護予防）認知症対応型共同生活介護（グループホーム）	小規模多機能型居宅介護	地域密着型介護老人福祉施設	地域密着型特定施設入居者生活介護
計画作成担当者（介護支援専門員）	配置員数	ユニットごとに１人以上 ⇩ 事業所ごとに１人以上	事業所ごとに１人以上	施設ごとに１人以上	事業所ごとに１人以上
	人員要件	介護支援専門員 かつ 認知症介護実践者研修修了者 ※　2ユニット以上の場合、2人の計画作成担当者が必要となるが、いずれか１人が介護支援専門員の資格を有していれば足りる（2人とも研修修了者であることは必要）。	介護支援専門員 かつ 認知症介護実践者研修修了者 ＋ 小規模多機能型サービス等計画作成担当者研修修了者	介護支援専門員	介護支援専門員

（夜勤者数）

	（地域密着型）介護老人福祉施設（短期入所生活介護も同様）	介護老人保健施設（短期入所療養介護も同様）	介護医療院	介護療養型医療施設	（介護予防）認知症対応型共同生活介護	養護老人ホーム・軽費老人ホーム	小規模多機能型居宅介護	看護小規模多機能型居宅介護
ユニット型の場合	2ユニット毎に1以上	2ユニット毎に1以上	2ユニット毎に1以上	2ユニット毎に1以上	1ユニット毎に1以上	－	－	－

（出典：認知症対応型共同生活介護（グループホーム）の報酬・基準について）

今回の改正ではこの要件を緩和し、ケアマネジャーは、ユニットごとに１人以上から事業所ごとに１人以上と見直されます。人手不足が叫ばれる介護業界ではこの緩和は一見ありがたい改正に見えます。しかし、実際のところは真逆です。現状勤務してくれていたスタッフを配置転換しなければ経営の大きな打撃となります。

人員数を緩和したということは、これまで手厚く手当していた人件費相当分の介護報酬額が減額するということです。介護報酬が減った分、人件費を減らさなければ利益を圧迫します。ケアマネジャーは１ユニット１名配置から１事業所１名配置になるのでケアプラン作成数はおのずと増えます。体力的にも精神的にもつらくなることでしょう。休みが取りづらくなったり、相談する他のケアマネジャーがいなくなったりで、不安が募ると思います。

上記の人員の緩和への対応策は、ユニット数の弾力化とサテライト型事業所の創設を活用した規模を拡大させる戦略が必要になります。しかしすぐにユニットを増やすことも現実的ではないと思います。その場合の対策として入居一時金の導入を検討してみても良いかもしれません。有料老人ホームでは当たり前となった入居一時金ですが、グループホームでも入居一時金を設定する施設があります。金額は５万円～20万円が相場です。入居一時金はすぐに売上にはなりませんが、入居期間に応じて償却して売上を認識していくので微力ながらと経営を安定化させてくれます。

4 居宅介護支援

居宅介護支援は介護保険創設時から介護報酬が低く抑えられています。ケアマネジャーが２人いる場合の居宅介護支援事業所ではなかなか黒字化は難しい状況です。さらにケアマネジャーの給与の改善についても、介護職員等処遇改善加算の対象からも外れていることから、冷遇されているとも考えられます。しかしながら、居宅介護支援事業は、介護保険サービスを受けるための要ともいえる重要なサービスです。そこで、今回の改正では居宅介護支援事業所の加算の１つである、特定事業所加算について新たに取りやすい下位の加算として、特定事業所加算（A）が創設されることになりました。報酬は100単位／月です。従来は、少なくともケアマネジャーが３名いないと算定できませんでしたが、今回の改定で常勤２名、非常勤１名という規模の居宅介護支援事業所でも算定できるようになります。非常勤の勤務日数や時間など詳細はこれからですが、不遇とも言われる居宅介護支援事業所にとっても久々に明るいニュースです。

【特定事業所加算 算定要件一覧表】

算定要件	特定事業所加算（Ⅰ）	特定事業所加算（Ⅱ）	特定事業所加算（Ⅲ）	特定事業所加算(a)	特定事業所加算(Ⅳ) →特定事業所医療介護連携加算へ名称変更
	500単位	400単位	300単位	100単位	125単位
(1)専ら指定居宅介護支援の提供に当たる常勤の主任介護支援専門員を配置していること	2名以上	1名以上	1名以上	1名以上	【算定要件】 (1)前々年度の3月から前年度の2月までの間において退院・退所加算の算定に係る病院等との連携の回数（情報の提供を受けた回数）の合計が35回以上
(2)専ら指定居宅介護支援の提供に当たる常勤の介護支援専門員を配置していること	3名以上	3名以上	2名以上	常勤：1名以上 非常勤：1名以上 (非常勤は他事業所との兼務可)	
(3)利用者に関する情報又はサービス提供に当たっての留意事項に係る伝達等を目的とした会議を定期的に開催すること	○	○	○	○	
(4)24時間連絡体制を確保し、かつ、必要に応じて利用者等の相談に対応する体制を確保していること	○	○	○	○ 連携でも可	
(5)算定日が属する月の利用者の総数のうち、要介護状態区分が要介護3、要介護4又は要介護5である者の占める割合が100分の40以上であること	○	×	×	×	
(6)当該指定居宅介護支援事業所における介護支援専門員に対し、計画的に研修を実施していること	○	○	○	○ 連携でも可	
(7)地域包括支援センターから支援が困難な事例を紹介された場合においても、当該支援が困難な事例に係る者に指定居宅介護支援を提供していること	○	○	○	○	(2)前々年度の3月から前年度の2月までの間においてターミナルケアマネジメント加算を5回以上算定
(8)地域包括支援センター等が実施する事例検討会等に参加していること	○	○	○	○	
(9)居宅介護支援費に係る運営基準減算又は特定事業所集中減算の適用を受けていないこと	○	○	○	○	
(10)指定居宅介護支援事業所において指定居宅介護支援の提供を受ける利用者数が当該指定居宅介護支援事業所の介護支援専門員1人当たり40名未満であること	○	○	○	○	(3)特定事業所加算（Ⅰ）～（Ⅲ）を算定していること
(11)介護支援専門員実務研修における科目「ケアマネジメントの基礎技術に関する実習」等に協力又は協力体制を確保していること（平成28年度の介護支援専門員実務研修受講試験の合格発表の日から適用）	○	○	○	○ 連携でも可	
(12)他の法人が運営する指定居宅介護支援事業者と共同で事例検討会、研修会等を実施していること	○	○	○	○ 連携でも可	
(●）必要に応じて、多様な主体等が提供する生活支援のサービス（インフォーマルサービス含む）が包括的に提供されるような居宅サービス計画を作成していること	○	○	○	○	

（出典：居宅介護支援・介護予防支援の報酬・基準について）

介護保険では、適切なケアマネジメントを行わせるため常勤ケアマネジャー一人当たりが担当できるケアプラン作成数を決めており、その数は40件となっています。もちろん40件を超えた数のケアプランを作成することもできますが、超えた分については受け取る介護報酬は減額されます。やればやるほどがんばった分のケアプラン作成の報酬が減るため（なんと半額！）、多くのケアマネジャーは40件以内に収まるように対応しています。

【逓減性】※1

※1　介護支援専門員（常勤換算）1人当たり40件を超えた場合、超過部分のみに逓減制（40件以上60件未満の部分は居宅介護支援費Ⅱ、60件以上の部分は居宅介護支援費Ⅲ）を適用

※2　取扱件数には介護予防支援受託者数を２分の1とした件数を含む

（出典：居宅介護支援・介護予防支援の報酬・基準について）

今回はこの40件の上限を45件に引き上げることとしました（45件から逓減開始）。ただし緩和条件として、ICTの活用や事務職員の配置が必要です。ICTの活用として、事業所内外で利用者の情報を共有できるチャット機能のアプリを備えたスマホや訪問記録を随時記載できる機能のソフトを組み込んだタブレットの導入が示されています。

条件が引き上げられることは良いことですが、実際にケアプランが35件を超えるとケアマネジャーは非常に忙しくなります。利用者になんらかのトラブルが発生した場合には、業務が回らなくなることもあります。予防ケアプランを受託している場合は、予防ケアプランについては、２件分を１件とカウントするルールがあるので、実際の作成数はすでに40件を超えているケアマネジャーもいらっしゃるのが現状です。引き上げられてもこれ以上は無理と言われてしまうかもしれません。

引き上げられた上限まで頑張るかは別問題として、今後はICTの活用に加えてAIを活用したケアプラン作成も実用化に向けて着々と準備が進められているので、効率化は今まで以上に求められることになりそうです。

5　介護老人福祉施設（特別養護老人ホーム）

特別養護老人ホームは、ユニット型とよばれる全室個室のタイプと従来型と呼ばれる多床室のタイプの特養に大きく区分されます。ユニット型はプライバシーが確保されることや居室面積が広いことから人気がありますが、その分、介護報酬や居住費が高いため入居者としても出費がかさみます。

さて、ユニット型の場合、ユニットの定員が決められており、原則10人以下とされています。今回の改正では、この原則10人以下を15人程度以内に緩和されることが検討されています。現状建てられている特別養護老人ホームには恩恵はありませんが、今後、特養の新設を検討している事業者にとっては、規模拡大が行えるので収支の改善につながるものと考えられます。ただし、ユニット型は共同生活室というリビングスペースを中心に、その周りに利用者の個室を設置しなければいけません。15室がぐるっと囲むとなると相当大きな共同生活室が必要となり、設計や土地の確保といった別の問題も発生しそうです。

【ユニット型個室】

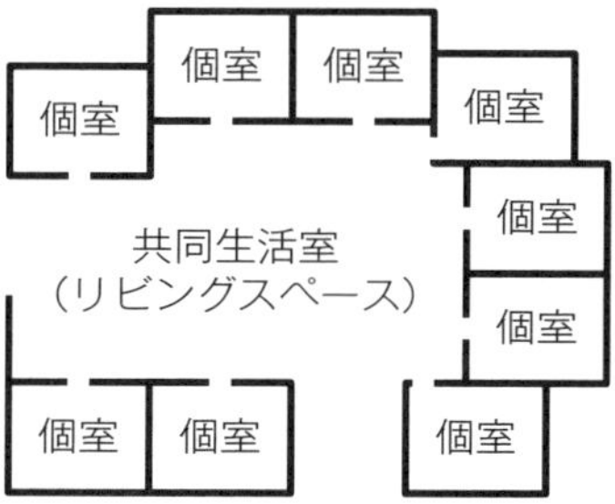

（出典：介護老人福祉施設（特別養護老人ホーム）の報酬・基準について）

【付録】

主な介護サービスの特徴と必要な資格者・人数がわかる資料一覧

■ 通所介護・地域密着型通所介護

厚生労働省『通所介護・地域密着型通所介護・認知症対応型通所介護の報酬・基準について』

https://www.mhlw.go.jp/content/12300000/000696138.pdf

⇒ 「通所介護・地域密着型通所介護の概要・基準」「通所介護・地域密着型通所介護の報酬」「認知症対応型通所介護の概要・基準」「認知症対応型通所介護の報酬」

■ 訪問介護・訪問入浴介護

厚生労働省『訪問介護・訪問入浴介護の報酬・基準について』

https://www.mhlw.go.jp/content/12300000/000694881.pdf

⇒ 「訪問介護の概要」「訪問介護の基準」「訪問介護の報酬」「訪問入浴介護の概要・基準」「訪問入浴介護の各加算の報酬」

■ 特定施設入居者生活介護

厚生労働省『特定施設入居者生活介護の概要』

https://www.mhlw.go.jp/content/12300000/000694873.pdf

⇒ 「特定施設入居者生活介護の概要」「特定施設入居者生活介護の報酬（1日あたり）」

■ 認知症対応型共同生活介護（グループホーム）

厚生労働省『認知症対応型共同生活介護（グループホーム）の報酬・基準について』

https://www.mhlw.go.jp/content/12300000/000695371.pdf

⇒ 「認知症対応型共同生活介護（認知症グループホーム）について」「認知症対応型共同生活介護の基準」「認知症対応型共同生活介護の報酬」

■ 居宅介護支援事業

厚生労働省『居宅介護支援・介護予防支援の報酬・基準について』

https://www.mhlw.go.jp/content/12300000/000698288.pdf

⇒ 「居宅介護支援・介護予防支援の定義・基準」「居宅介護支援・介護予防支援の報酬」

■ 介護老人福祉施設（特別養護老人ホーム）

厚生労働省『介護老人福祉施設（特別養護老人ホーム）の報酬・基準について』

https://www.mhlw.go.jp/content/12300000/000698289.pdf

⇒ 「介護老人福祉施設（特別養護老人ホーム）について」「介護老人福祉施設の報酬」「指定介護老人福祉施設（特別養護老人ホーム）における主な人員配置基準」

執筆者紹介

藤尾　智之（ふじお　ともゆき）

税理士・介護福祉経営士。

1996 年、法政大学経済学部卒業。
2000 年、社会福祉法人に入職後、特別養護老人ホームの事務長として従事する。

2011 年に税理士試験に合格し、大手税理士法人を経て藤尾真理子税理士事務所に入所。
2020 年にさすがや税理士法人を設立し、代表に就任。

介護、障害を中心とした社会福祉事業に特化した経営サポートを展開する。そのほか社会福祉法人の理事や監事、相談役を務める。著書に「税理士のための介護事業所の会計・税務・経営サポート」（第一法規）がある。

著者との契約により検印省略

令和3年4月20日　初　版　発　行

実例でわかる
介護に強い税理士になるための教科書

著　　者　藤　尾　智　之
発行者　大　坪　克　行
印刷所　株式会社技秀堂
製本所　牧製本印刷株式会社

発行所　東京都新宿区
下落合2丁目5番13号　株式会社　税務経理協会

郵便番号 161-0033　振替　00190-2-187408　電話(03)3953-3301（編集代表）
FAX (03)3565-3391　(03)3953-3325（営業代表）
乱丁・落丁の場合はお取替えいたします。
URL http://www.zeikei.co.jp/

ISBN978-4-419-06783-0　C3032